孙中山大元帅府纪念馆书系

U0100785

后辛亥时代的孙中山与广州

『辛亥百年 帅府存珍』系列丛书

主编 李穗梅 撰稿 朱晓秋

广东省出版集团

广东科技出版社（全国优秀出版社）

·广 州·

图书在版编目(CIP)数据

后辛亥时代的孙中山与广州 / 李穗梅主编;朱晓秋撰稿. —广州:
广东科技出版社,2011.8

(辛亥百年帅府存珍系列丛书)

ISBN 978-7-5359-5587-6

Ⅰ.①后… Ⅱ.①李…②朱… Ⅲ.①广州市—地方史—现代史

Ⅳ.①K296.51

中国版本图书馆CIP数据核字(2011)第150551号

主　　编:李穗梅
撰　　稿:朱晓秋
文物摄影:朱劲中　周家聪

策　　划:杨敏珊
责任编辑:杨敏珊　赵雅雅
封面设计:李康道
责任校对:罗美玲
责任印制:罗华之
出版发行:广东科技出版社
　　　　　(广州市环市东路水荫路11号　邮政编码:510075)
E-mail: gdkjzbb@21cn.com
http://www.gdstp.com.cn
经　　销:广东新华发行集团股份有限公司
印　　刷:广州伟龙印刷制版有限公司
　　　　　(广州市沙太路银利工业大厦1幢　邮政编码:510507)
规　　格:889mm×1 194mm　1/16　印张15　字数300千
版　　次:2011年8月第1版
　　　　　2011年8月第1次印刷
印　　数:1~2 000册
定　　价:150.00元

序

100年前，孙中山先生以不屈不挠的革命斗志，成立革命党，发动武装起义，奔走海外，筹集革命经费，历经十多年的艰苦努力，结束了封建帝制，并使民主共和的观念深入人心。辛亥革命给中国社会带来的巨大震动和变化使它成为20世纪中国三大历史巨变之一，孙中山也成为中国历史的伟人之一。即使革命政权被窃取，民主共和遭到破坏，孙中山也没有放弃，开始了二次革命、护国运动、护法运动、国民革命等一系列革命活动。直至生命的最后时刻，孙中山还在为他的理想而奋斗。为了纪念孙中山和辛亥革命，1998年，广州市人民政府决定在当年孙中山先生建立护法军政府的地方筹建孙中山大元帅府纪念馆，2001年正式对外开放。

孙中山大元帅府纪念馆自建馆以来一直致力于孙中山和辛亥革命相关文物的收集及研究工作，在社会各界的支持和帮助下，目前已经从国内外收集相关文物超过6 000件，成为研究孙中山和辛亥革命史的重要基地。

2011年，适值辛亥革命100周年，全国各地纪念辛亥革命的活动呈现大热之势。对此，著名史学家章开沅先生说，要有平常心。"我一直强调，纪念辛亥革命不能流于形式，不能光是热烈的庆典，投入多少钱，建多少标志性的建筑。不要一阵风、一阵热，过了庆典就不谈了。通过这个庆典，我们应该反思，怎么改进自己的工作？"为此，孙中山大元帅府纪念馆选出近年来收集的珍贵文物、图片及史料，编撰了"孙中山大元帅府纪念馆书系"之"辛亥百年　帅府存珍"系列丛书，该丛书由《后辛亥时代的孙中山与广州》、《孙中山与帅府名人文物与未刊资料选编》和《帅府文物话辛亥》三本书组成。希望这套丛书能为推动辛亥革命和孙中山研究的深入、持续发展贡献一点力量。

孙中山先生的一生与广州有着十分密切的联系。青年时代，他在广州求学、行医，策划反清武装起义。辛亥革命后，广州成为孙中山两次护法运动的大本营和国民革命的策源地，在孙中山后期的革命生涯中占有十分重要的地位。建馆以来，"孙中山在广州三次建立政权"是我们的基本陈列。而编辑出版一本以展览为蓝本的图录一直是我馆的愿望。经过10年的努力，终于在辛亥革命百年来临之际，编撰了《后辛亥时代的孙中山与广州》。该书是一本较全面、较详细地反映辛亥革命后，孙中山为捍卫共和，与不同派系的军阀进行斗争，并在广州三次建立政权的图文集。该书从军事、政治、民生以及社会发展等各方面立体地反映出辛亥革命后孙中山与广州的密切关系。这是一本有深厚学术底蕴，但又深入浅出的作品。该书书名《后辛亥时代的孙中山与广州》，是朱晓秋提议的。辛亥革命不仅是一场简单的政治革命，更是一场革新运动，它给中国带来了政治、文化、思想各方面的巨大变化。这种改变不是暴风骤雨式的，而是在普通民众的生活中悄然发生的，持续了一段较长的时间。而辛亥革命所带来的这些变化又与孙中山在革命后所进行的政治活动有着千丝万缕的联系，因此，"后辛亥时代"概念的提出有一定的新意，也符合历史事实。

《孙中山与帅府名人文物与未刊资料选编》一书，立足于我馆未刊馆藏文物及近年来与我馆保持联系的帅府名人遗属的家藏资料，通过对原始文物资料的披露，揭示孙中山及其战友活动的重要片段。该书严格限定所选人物须在帅府时期曾有任职，这或许让读者遗憾未能由此全面了解我馆的人物档案，但在文物的编选上，同一人物名下，除了必须是未刊资料之外，别的不加任何限制，以求尽可能丰富地显示相关人物各个时期的活动。应该说，这种取舍对于尽可能全面和广泛地了解相关研究对象是比较科学的。在这一思想的指导下，该书共选取80余位帅府人物，披露180余件（套）原始文物资料，这对于学术界了解这些历史人物以及相关时期的历史是大有裨益的。

《帅府文物话辛亥》选出的文物共19件（套），包括了孙中山在广东为推行"平均地权"主张而催换地契的传单、中国同盟会湖北支部居正致孙中山请求经济接济的信函、《奏定禁烟条例》解释案语、印有慈禧太后懿旨全文的清王朝毕业文凭等一批珍贵文物，能够直观反映辛亥革命的历史或当时的社会情况。

这套丛书的撰稿者是我馆的年轻工作者、研究学者和工作人员。它的编纂、出版，凝结着社会各界的关怀，对此我们满怀感恩之心！由于学识有限，加上时间比较仓促，书中还存在许多问题，企盼批评、指正！

孙中山大元帅府纪念馆馆长

李穗梅

2011 年 6 月

目录

绪言

辛亥革命是一场政治革命，更是一场革新运动，它给中国带来了政治、文化、思想各方面的巨大变化。这种改变不是暴风骤雨式的，而是在普通民众的生活中悄然发生的，持续了一段较长的时间，而辛亥革命所带来的这些变化又与孙中山在革命后所进行的政治活动有着千丝万缕的联系。因此，可以大胆地将1911年武昌起义成功后至1925年孙中山逝世这一历史时期定义为"后辛亥时代"。

一、后辛亥时代孙中山的革命活动基本上都是在广州进行的，而这些活动都是辛亥革命的一种延续

辛亥革命的伟大历史意义在于结束了中国长达2 000多年的封建君主专制统治，建立了资产阶级民主共和国，开始了中国历史的新纪元。1912年，资产阶级革命党人建立的南京临时政府是按照西方资产阶级国家制度的模式建立起来的，实行资产阶级民主共和制度。然而，"武昌革命而后，所谓中华民国者，仅有其名，而无其实，一切政权，仍在腐败官僚、专横武人之手，益以兵灾、水、旱，迄无宁岁，人民痛苦，且加其焉！此即革命未竟全功，因而难收良果也"[1]。孙中山此处所说的"革命未竟全功"，是指辛亥革命没有取得彻底的胜利，是一场不完整的革命，它并没有达到既定的目标和理想。正是因为"辛亥革命从某些

---

[1] 中国社会科学院近代史研究所中华民国史研究室，中山大学历史系孙中山研究室，广东省社会科学院历史研究室.孙中山全集：第6卷[M].北京：中华书局，1985：10.

方面看，是一个不彻底的革命，因此有'二次革命'的发生。二次革命失败后，中华革命党标榜的口号是'三次革命'。到袁世凯死后，政局依然分崩离析，鉴于武人、官僚、政客的作乱，至少从民国八年起，中山先生又有再起革命、重造中国的决心。"①

1923 年 2 月，孙中山回到广州，重建大元帅府大本营。这次他放弃了护法的旗帜，改组中国国民党，展开国民革命运动。1924 年 1 月 24 日，中国国民党第一次全国代表大会致苏联代表加拉罕的电文有这样一段话："本会目的，在继续辛亥革命事业，以底于完成；使中国脱离军阀与夫帝国主义之压迫，以遂其再造。"②由此可见，辛亥革命后孙中山为维护他所创立的共和体制，领导并发动了二次革命、护国运动、护法运动以及晚年所领导的国民革命运动等都可视为辛亥革命的一个延续，是为完成辛亥革命未完成的目标而展开的斗争。

二、后辛亥时代是中国国民党"孙中山时代"中最辉煌的时期，在广州完成了中国国民党历史上的第二次重大转变

中国国民党从 1894 年 11 月 21 日兴中会在檀香山成立之日作为建党的开始，到现在已有过百年的历史，它是一个党魁型的政党。这一点在中华革命党时期，孙中山便以党的规章形式作了严肃的确认。到了中国国民党第一次全国代表大会，更在党章中写明："本党以创行三民主义、五权宪法之孙先生为总理"，"党员须服从总理之指导，以努力于主义之进行"；总理为全国代表大会和中央执行委员会主席，"对于全国代表大会之议决，有交复议之权"，"对于中央执行委员会之议决，有最后决定之权"③。不仅如此，孙中山对出席"一大"的部分代表和大会主席团、各专门委员会均有直接决定权，对党内的重大事宜有最后裁决权。因此，在 1925 年孙中山逝世前，孙中山就一直是中国国民党的最高领袖，在党内有着绝对的领导权威，可以称之为中国国民党的"孙中山时代"。在他的时代，孙中山的态度和立场直接影响着中国国民党的发展。1917 年至 1925 年是中国国民党孙中山时代中最为辉煌的时期，这一时期，中国国民党在广州实现了改组，完成了其历史上的第二次重大转变，揭开了中国政治的新纪元。

孙中山时代的中国国民党，经历了两次重大的转变：第一次转变是由兴中会到同盟会。

①　中国国民党党史资料与研究[M].台北，1989：202.
②　中国国民党党史资料与研究[M].台北，1989：14.
③　中国第二历史档案馆.中国国民党第一、二次全国大会会议史料：上册[M].南京：江苏古籍出版社，1986：9.

这是从革命团体向近代政党的转变。这次转变使民主共和的观念深入人心，为辛亥革命的胜利在思想上、组织上、武装上奠定了良好的基础。第二次转变发生在1923年，辛亥革命推翻清王朝后，当时，由知识分子、华侨以及会党三部分人组成的同盟会对革命前途认识模糊，不知道革命道路该如何走下去，政权该如何保持，乃至其成员"奋斗精神逐渐丧失，人人皆以为辛亥革命，推翻满清，便是革命成功，革命事业不肯继续去做"①。在这种混乱的思想状态下，同盟会内部出现了涣散和分裂。在外部敌人的压力和内部出现严重分裂的困难下，同盟会不得不于1912年8月与当时的统一共和党、国民共进会、共和实进会、国民公党等合并而改组为国民党。从此，同盟会便从中国历史上结束了它的革命生涯。

辛亥革命后，中国国民党经历了一段坎坷颠沛的时期，其组织几次更迭，党名也几经变易。"二次革命后，革命运动走入了顿挫的时期，中华革命党的成立并没有打开困难的局面。到了五四前后，革命党处境艰难，政治上不论南北都无立足余地"②。孙中山为了挽救"正在堕落中死亡"③的中国国民党，为了重振中国国民党的革命雄风，1923年，他在广州作出正式改组中国国民党的决策。这是中国国民党历史上的第二次重大转变，成就了该党的辉煌时代。这次改组，"使革命党新生，造成了革命的再起"④。改组后的中国国民党，"成为一个与下层社会有广泛联系、在群众心目中有政治合法性、汇集了几乎所有对北洋军阀政府不满的社会势力、以建立资产阶级共和国为目标的革命政党"⑤。中国国民党的改组是该党历史上具有划时代意义的举动，"无此一举，不可能结束辛亥革命后十余年的困顿，而下开北伐战争之局面"⑥。

三、后辛亥时代孙中山在广州三次建立革命政权，初步实践了他的建设理念，开启了广州近代化的先河

武昌起义后一个月，广东在同盟会南方支部的领导下实现了"和平光复"。11月10日，广东省级资产阶级政权——广东军政府正式宣告成立。广东军政府在它短短的21个月的生

---

① 黄季陆. 总理全集：下册[M]. 成都：近芬书屋，1944：36.
② 中国国民党党史资料与研究[M]. 台北，1989：217.
③ 宋庆龄. 宋庆龄选集：下卷[M]. 北京：人民出版社，1992：117.
④ 同②.
⑤ 冀雾. 二十世纪中国国民党的四次转变评析[D]. 未刊，37.
⑥ 胡绳. 胡绳全集：第3卷[M]. 北京：人民出版社，1998：198.

命中，贯彻了孙中山的建国主张。南京临时政府未及实施的关于促进民主政治、发展民族工业、改革社会陋习、实行资产阶级文化教育的政策，在广东得到初步的贯彻。胡汉民、朱执信、廖仲恺等人为实现孙中山的治国理想作出了最大的努力。广东军政府得到远胜前清，优于各省的美誉。

1913年，孙中山发动的二次革命失败后，广东成为袁世凯爪牙龙济光的地盘，让广州陷入军阀的专制统治当中，近代化发展进程被迫放缓。

1918年5月，第一次护法运动失败后，孙中山避居上海，一面总结革命的经验教训，一面思索中国的发展之路。他潜心著书，撰写了《建国方略》一书。该书从心理建设、物质建设以及政治建设等三个方面进行阐述，为近代中国物质和精神建设同步发展作出宏观的规划。

在《实业计划》中，孙中山对南方大港建设可谓情有独钟。孙中山不仅认为："吾人南方大港，当然为广州。"而且对其原因做了详尽的描述："广州为不仅中国南部之商业中心，亦为通中国最大之都市。迄于近世，广州实太平洋岸最大都市也，亚洲之商业中心也。中国而得开发者，广州将必恢复其昔时之重要矣。"[1]孙中山主张广州应在开放主义下建成学习外国先进技术的前沿、中国南方商业中心、中国南方世界大港，并详细拟定了建设构想。

孙中山的构想是希望把广州建成为一个集航运、商业、工业中心为一体的区域经济龙头。同时，孙中山还对广州的城市建设做了具体规划。孙中山认为，新建之广州市，应跨有黄埔与佛山，东段为商业地段，西段为工厂地段。他把广州城附近规划为将来广州市的用地，地价可升至原价之十倍至五十倍。此外，他还提出把广州建设成"花园都市"的设想。他客观分析了广州依山傍水又临海的有利地理条件，提出广州的建设应有新式市街、新式住宅、新式交通以及享乐性设施。

从1921年至1923年，孙中山先后在广州两次建立革命政权，使广州成为革命政府实际意义的首都。由于"广州革命政府事实上是党政府"[2]，虽然政局不算稳定，但他的政党、政府要员都能积极响应，贯彻他治理城市和国家的理想，这其中贡献最大的是他的长子——孙科。

---

① 中国社会科学院近代史研究所中华民国史研究室，中山大学历史系孙中山研究室，广东省社会科学院历史研究室.孙中山全集：第6卷[M].北京：中华书局，1985：301.
② 中国国民党党史资料与研究[M].台北，1989：123.

1921年，时任广东省长的陈炯明组建广州市市政厅，采取市长制，孙科被任命为广州市的首任市长。其后他又两次出任此职，广州大规模的市政建设主要是在他的三任市长任期内进行的。他为广州市的革新和发展做了大量的工作，其建市的理念及实践也为后来民国时期的都市建设提供了模式。

经过孙中山革命政府的不懈努力，参照西方发达国家城市化经验，以崭新观念规划和建设的广州，在城市面貌上有了很大的改观，在全国开了风气之先，故"模范市政之誉，见称于国内外"。[1] 随着城市的日趋近代化，广州在经济、文化、教育、市民生活的方方面面发生了很大的转变，开启了广州城市近代化的序幕，并为广州在20世纪30年代达到城市建设的高潮做了理论和物质方面的准备。

辛亥革命后，孙中山再次选择广州作为他革命的根据地，于1917年、1921年以及1923年分别三次在此建立革命政权。这是孙中山继1912年就任南京临时大总统以来，再次以国家管理者的角色出现在历史舞台上。广州革命政府虽然"政权规模小，机构不完善，辖治区域不广"[2]，但却是由中国国民党人执政的试验田。经过在广东断断续续近10年的执政，为该党在1928年统一全国后，成为中国国民政府的执政党积累了经验。

① 佚名.本市新闻·孙市长之临别留言[N].广州民国日报，1924-9-17.
② 曾庆榴.广州国民政府[M].广州：广东人民出版社，1996：1-2.

第一章

广东光复 继续革命

广州自唐代以来就是中国对外贸易的重要口岸。从1757年清政府关闭江、浙、闽三关开始，广州便成为全国唯一对外通商的口岸。在此后80多年间，广州凭借这一优势，在经济、文化等方面得到了长足的发展。

到了近代，广州的地位更为重要。首先，广州是一座具有反侵略斗争精神的英雄城市。西方国家用大炮打开中国的大门，首先打的就是广州。同时，中国人民的反侵略斗争也是从广州开始的。1841年5月，广州城郊三元里等村的乡民以原始的武器，狠狠打击了当时全世界装备和训练最先进的英国侵略军。这就反映了广州人民不畏强暴的爱国主义精神。此后，广州一直是中华民族抵抗外来侵略的前沿阵地。其次，广州又是开风气之先的城市，是西方新事物传入中国的窗口。可以说，近代中国了解世界、学习西方是从广州开始的。鸦片战争前，林则徐来到广东，积极了解外情，翻译外国快报，学习西方先进技术，开始了近代思想进步的中国人向西方寻求救国真理的历程。再次，以广州为中心的珠三角是中国早期现代化"先行一步"的地区。1872年，陈启源在南海创办继昌隆缫丝厂，这是具有中国民族资本主义性质的工业企业。从此，中国的机器缫丝业有了长足的发展，成为辛亥革命时期企业数量最多的行业。中国第一家火柴厂、第一家电灯公司、第一家橡胶厂等都设立在广州。基于以上对近代广州在政治、经济、社会等方面的简单分析，我们可以知道，广州能成为中国近代政治改革运动和民主革命运动的策源地是有其历史必然性的。

1894年，孙中山在檀香山创立了兴中会，这是一个反帝反封建的革命团体，具有革命政党的雏形。1895年，孙中山到香港建立兴中会总部，策划当年在广州的起义，开始了以武装起义的方式推翻清王朝、建立共和制度的革命事业。因此，兴中会的建立与起义的筹划成为辛亥革命运动的开端，也是广州作为近代民主革命策源地和重要舞台的开端。从兴中会建立到广州三二九起义①的10次主要起义中，有8次是在广东境内举行的。这些起义虽然都是以失败告终，但对革命进程的影响却是巨大的。在武昌起义前，广东长期是反清革命的主战场，在广东的起义对促进辛亥革命高潮的到来起了极为重大的作用。

1911年10月10日武昌起义成功后，各省纷纷响应，宣布独立。广东的光复是在同盟会南方支部的领导下实现的。1905年同盟会成立后，在省港澳各地建立了许多支部、分会

---

① 广州三二九起义又称黄花岗起义。

组织，并对广东各界居民进行了比较广泛的动员。因此，广东居民对共和制度拥护的普遍程度也超过其他省份。武昌起义以后，同盟会在广东发动农民和其他乡村下层民众，组织了十几万的"民军"，城市的商人和其他居民多数也同情革命党，所以武昌起义后一个月，广东便实现"和平光复"。在辛亥革命高潮中，广东的光复与其他省份有很大不同：首先，广州光复主要不是依靠新军的起义（其时广东新军主力远离广州）；第二，没有立宪派掌握的咨议局的功劳（只有个别咨议局议员参与）；第三，没有清朝高官的转向（清朝高官对局势完全失控，交权出于无奈，交权后即逃走）。可以说，当时要求共和已是人心所向、势不可挡的事情。在广州城外是革命党人发动的、以农民和破产农民组成的民军的军事压力，在广州城内则是各阶层城市居民要求实现共和的请愿示威，最终形成合力，迫使清朝高官在大势已去的情况下黯然放弃权力，让位于革命党人。

1911年11月9日，广东光复，各界代表集议推举胡汉民为广东都督，陈炯明为副都督。11月10日，广东省级资产阶级政权——广东军政府正式宣告成立。在军政府草创之初，其内部组织"分设有民政、财政、外交、司法、海军、实业、交通、教育、卫生各司（中央政府未成立前称部）及警察厅。黎国廉为民政司长，李煜堂为财政司长，陈少白为外交司长，胡毅生为海军司长，王宠佑为实业司长，李纪堂为交通司长，钟荣光为教育司长，李树芬为卫生司长，陈景华为警察厅长。设参事数人，主任秘书一个。古应芬、李文范、张树棠、汪祖泽、马育航、金曾澄（金是后来参加）为参事，金章为主任秘书。后来海军、交通、卫生各司先后裁撤，添设陆军司、水上警察厅、军法处和稽核处"①。从军政府各机构的人员组成可以看出，同盟会员几乎占据了军政府各部首脑的位置。这与胡汉民"非同党不用"（《筹议广东善后意见书》，原件藏于中国社会科学院近代史研究所图书馆）的原则密不可分。这也反映了广东企图走政党政治的道路。"同盟会员掌握了广东军政府的实权，这在当时是最突出的，尤其是在走和平独立道路的省份中，更是绝无仅有的"②。

广东军政府执政期间（1911年11月～1913年8月），贯彻了孙中山的思想主张和南京临时政府的政策法令，实施了一系列具有民主主义性质的革命措施，还根据自己的情况制

① 中国人民政治协商会议广东省委员会文史资料研究委员会.广东辛亥革命史料[M].1962：372.
② 丁身尊.广东民国史：上册[M].广州：广东人民出版社，2004：97.

定了一些发展社会经济的政令，大致如下：

第一，解决军政府成立初期面临的财政和民军两大难题。

对于军政府成立之初的财政困境，军政府第一任财政部长李煜堂曾说过："回思反正之初，吏役逃亡，席卷饱矣；管钥虚设，库空洗矣；殷富流离，商务凋敝；农工失业，盗贼繁滋；杼柚已空，税厘无着，加以民军抵省，累万盈千，饷需逼迫，急于星火，既点金之乏术，岂画饼之止饥？"（《广东财政司自旧历辛亥年九月十九日起至民国元年五月三十一日止收支报告册》）为解决财政问题，革命党人进行了艰苦的努力。在广东人民特别是商人的支持下，通过群众捐款、借款、发行公债、流通前清旧纸币和发行新纸币等办法来恢复广东财政，并成功度过了财政危机，巩固了新生的革命政权。

民军是与财政密切相关的一个问题。广东独立是在数以万计的民军对广州武装包围的态势下实现的。政权转入革命党手中后，民军纷纷开入广州。民军进城对壮大革命声势和震慑反动势力无疑具有巨大的作用。但民军多出身于绿林，基本没有什么文化，根本不知道民主共和是怎么回事，他们是为了开拓地盘，广辟财源才投身革命的。因此十几万的民军进入广州后，引发了大量的社会治安问题。更要命的是民军"月支饷银三百余万"[1]，约占军政府支出总数的一半。为了维持财政和社会治安，1912年春，军政府决定遣散大部分民军，在一周多时间里，先后遣散了36路民军，共计42支队伍。此举得到临时大总统孙中山的大力支持。民军问题解决后，使"广东政府，月省数百万，居民亦少得安枕"[2]，并得到广东商民的一致称赞。至1912年4月，广东共裁减民军九万多人，至年底，广东只剩下民军39 600人[3]。

第二，军政府实践了孙中山"平均地权"的思想。

廖仲恺接任军政府财政部长后，面对严峻的财政赤字，就决心开辟财源。1912年6月12日，省临时会议通过了廖仲恺主持制定的《广东换契简章》，规定"广东人民所有之不动产，经前清政府印给之旧契，一律由中华民国广东政府换给新契"，换契金以元计（银7.2钱或钱1 000文折为1元），断卖契和典按契分别照原契价抽千分之十、千分之六的换

---

① 林家有. 孙中山研究：第三辑[M]. 广州：中山大学出版社，2010：286.
② 林家有. 孙中山研究：第三辑[M]. 广州：中山大学出版社，2010：287.
③ 吕芳上. 朱执信与中国革命[M]. 台北，1978：141.

契金①。并发布通告规定换契期为6个月，逾期3个月抽契金三分之一。再逾期3个月，原契作废。

廖仲恺当时提出该案是希望通过改革地税来增加财政收入、税契收入。在某种意义上来说，它确实是从改征地税入手的"一种救济金之性质"②~③的救急筹款案。7月10日，胡汉民颁布实施换契简章令后，财政司先后拟出《催换新契传单》和《乡村换契简便办法》，呈都督核准施行。然而各业主对税契之事多持观望态度，税契案实施半年多时间，"所收税契金不过百余万（元）"④。1913年"宋教仁被刺案"后广东税契收入锐减。广东的二次革命失败后，税契案被迫半途而废。广东军政府大力推行的地价税契法案，从增加省库收入方面来看，成绩不是很大，但它却有着深远的意义，即验证了孙中山"平均地权"社会革命纲领的可行性。为此孙中山曾称赞说，此单税法为平均地权的一个办法⑤。广东成为当时唯一一个尝试过实行"平均地权"的省份，这也表达了革命党人希望把广东建设为模范省的美好愿望。

第三，改革司法制度。

清朝统治下，行政和司法权力不分，行政长官兼掌司法大权。军政府成立后，设立司法部，即后来的司法司。在司法部部长王宠惠调任南京临时政府后，接任的罗文对原有司法体制进行了改革。其一，司法与行政分离，实行司法独立。"划分司法与行政的职权，通饬各县不得再兼民刑事诉讼事件"⑥。其二，简化了司法审判程序，以三级三审制取代原来的四级三审制。同时，还"规定民刑事案件的判决确定期限，以免除人民为讼缠绕的痛苦"⑥。这些改革后来为民国的司法制度所采纳。其三，废除清朝刑具，禁止刑讯鞫狱，"采取人证、物证相互对勘的原则。犯人的供述，只能供参考的依据，不能作为判罪的唯一确证"⑥。其四，改革狱政，聘请教诲师劝喻犯人弃恶从善、悔过自新，并组织囚犯从事手工工艺生产，以便他们出狱后有一技谋生。

① 佚名.省会议决换契章程[N].民生日报，1912–06–24.
② 佚名.粤中换契问题[N].民生日报，1912–06–20.
③ 佚名.粤中换契问题[N].民生日报，1912–06–23.
④ 佚名.三月四日省议会案[N].民生日报，1912–03–07.
⑤ 丁身尊.广东民国史：上册[M].广州：广东人民出版社，2004：103.
⑥ 汪祖泽，莫擎天.辛亥革命前后的广东司法[G]//中国人民政治协商会议广东省委员会文史资料研究委员会.广东文史资料：第8辑.1963：167–168.

第四，选举产生临时省议会，这是军政府成立后，最具民主色彩的一项举措。

由于当时决定广东独立的各个团体大多受到士绅巨贾的操纵，不能真正代表和反映民意。因此，胡汉民、陈炯明和朱执信等人经过商议，决定组建临时省议会，制定和颁布了《临时省议会选举法》规定，凡是年满21岁，有广东籍或中国人在广东居住满5年以上，秉性良好，不担任军警公职的人，都有选举和被选举权。这比之清末咨议局议员选举法所规定的有功名、有官衔、有财产者才能当选议员要进步得多了。

广东临时省议会的议员是通过比例选举制产生的，具有较广泛的代表性。在120名议员中，同盟会代表20名，军团协会代表21名，华侨代表12名，师生代表9名，"自治团"代表1名，各地区代表57名。同时规定了女议员应占10名。这一规定开创了中国政治历史上妇女参政的先河，不仅在各省中最为突出，"乃为亚洲所创见"[①]。

第五，整顿广州治安，革除陋习。

广州光复之初，盗匪横生，烟、赌馆林立，劫杀案件频发，社会秩序混乱。胡汉民"受任之际，全城官吏尽空，等于无政府"[②]。面对这种局面，他任命陈景华为警察厅长。此人为军政府中的铁腕人物，他上任后，首先建立一支素质较好的警察队伍，严厉打击横行市井、无恶不作的"百二友"、"救世军"等抢劫集团和反革命组织。接着，他又着手建立户籍管理制度，健全各级警察机构。

此外，他还利用政权的力量禁烟禁赌，破除迷信，改革社会风气，革除一些陈习陋俗，如剪除发辫、废止跪拜、禁止纳妾、鄙弃缠足等。同时还收养不堪虐待的婢女、侍妾、童养媳、尼姑、幼妓以及孤儿和被拐卖的儿童。在一年多时间里，广州社会秩序迅速好转，民心稳定，社会出现了新的气象。

南京临时政府未及实施的关于促进民主政治、发展民族工业、改革社会陋习、实行资产阶级文化教育的政策，在广东得到初步的贯彻。胡汉民、朱执信、廖仲恺等人为实现孙中山的治国理想作出了最大的努力。广东军政府得到时人"远胜于前清，更优先于各省"的美誉。这个政权虽然只存在了21个月，却是广东历史上闪烁着民主光芒的重要一页。

1911年11月下旬，革命形势出现了新的情况。清政府为扑灭革命，起用袁世凯为内

---

① 胡汉民. 胡汉民自传[J]. 近代史资料，1981（2）：48.
② 胡汉民. 胡汉民自传[J]. 近代史资料，1981（2）：44.

阁总理，由其亲信冯国璋率兵沿京汉铁路南下，不仅阻止了武昌革命军的北上，而且夺走了革命军占领的汉口、汉阳。清江南提督张勋则在津浦铁路向革命军进攻，包围南京。面对复杂的形势，广东军政府组织了北伐军，由姚雨平任总司令。广东北伐军可谓"将强、兵精、械良、饷足"[①]，它是由同盟会员、三点会员、广东新军以及华侨四大部分组成。兵种有步兵、防营、炮兵、机构、机枪、辎重、工程、卫队、学生地雷队、华侨炸弹队、宪兵、卫生队等，合共8 000人。12月8日，广东北伐军由广州分三批乘船北上。1912年1月28日，广东北伐军与张勋的军队展开激战，结果大破张军，追敌至宿州城外。2月3日，广东北伐军在宿州再次大败清军，并乘胜追击，追至徐州南。2月10日，南北议和破裂，广东北伐军挥师北进，占领徐州，并追至苏鲁交界的韩庄。广东北伐军的三战皆捷，鼓舞了其他各路北伐军，震动京津，对清帝的退位起了加速作用。

广东北伐军在南北议和达成协议后，退驻南京。1912年5月，被迫自动解散。

辛亥革命虽然推翻了清王朝，建立了共和制，但却没有完成反帝反封建的任务。革命的果实落到袁世凯手中。在民国最初两年的新旧势力斗争中，地处南方的广东是中国同盟会[②]主要的后方阵地。由于得到帝国主义国家和国内封建势力的支持，加上革命党人本身有不少弱点以及犯下一系列错误，袁世凯在这场较量中占了上风。1913年，孙中山为挽救辛亥革命的成果发动了二次革命，广东也是发动反袁起义的省份之一，但这次起义最终失败，广东也落到袁世凯爪牙龙济光手中，开始了三年封建军阀残暴专制统治的岁月。

---

① 邹鲁.广东光复[M]//佚名.辛亥革命：七.上海：上海人民出版社，1957：226.
② 1912年8月，中国同盟会与统一共和党、国民共进党、国民工党联合组成国民党。

繁忙的广州港

广州是岭南的政治、经济、文化中心。在清朝，广州一度成为唯一的对外通商口岸。

三元里乡民抗英时使用的武器

到了近代，广州的地位更为重要。1841年5月，首先举起中华民族抵抗外来侵略大旗的就是广州三元里等村的乡民。

博济医院

广州是开风气之先的城市，是西方新事物传入中国的窗口。博济医院是中国内地第一家西医医院，1886～1887年，孙中山曾在此学医。

1926年广东博济医院毕业证书

林则徐

　　鸦片战争前，林则徐来到广东，积极了解外情，翻译外国快报，开始了近代思想进步的中国人向西方寻求救国真理的历程。

广州同文馆师生合影

　　19世纪60年代初期到90年代中期，清朝政府为了维护封建统治，引进和学习西方科学技术，兴办近代军事工业和民用工业，并相应地改革军事、外交、文化教育和某些政府机构。1864年在广州朝天街创办的同文馆是清政府在广州所办的第一所外国语学校。

清末双龙戏珠"中兴"火花

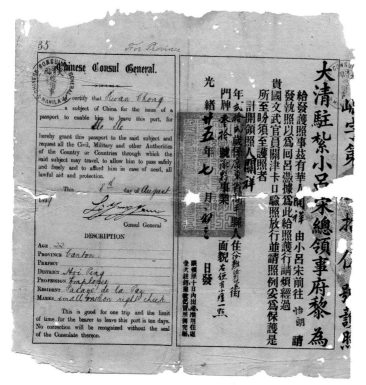

清代广东籍华侨的出国护照

　　广东地区的居民爱国观念强烈，同时思想观念、行为方式又比较开放，因此最早出洋做工、经商、留学的中国人中，很多是广东籍的。

广州东山巧明火柴厂广告纸

以广州为中心的珠三角是中国早期现代化"先行一步"的地区。中国第一家火柴厂、第一家电灯公司、第一家橡胶厂等都设立在广州地区。

清末的广州城

广州地区由于其特殊的经济、社会及文化条件，使其孕育了洪秀全、康有为、梁启超、孙中山等具有反抗精神的思想进步的中国人。因此，广州成为辛亥革命运动的策源地和重要战场。

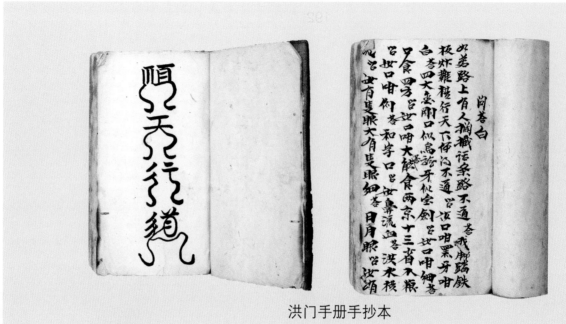

顺天行道

问荅白

洪门手册手抄本

中国同志竞业社洪门纪念章

洪门手册手抄本和中国同志竞业社洪门纪念章

　　1894年，孙中山在檀香山创立兴中会，这是近代中国第一个明确以建立民主共和制度为奋斗目标的革命团体。兴中会成立后，孙中山为筹集发动武装起义的资金和力量，加入了帮会组织——洪门。

1926 年出版的《广州三月二十九革命史》

自兴中会成立到1911年，在孙中山发动的10次主要的武装起义中，有8次是在广东境内举行。由此可见，在武昌起义前，广东长期是反清革命的主战场，对促进辛亥革命高潮的到来起了极为重大的作用。

1911年武昌起义攻占武昌后，汉阳门戒严，检查来往行人的情景

1911年武昌起义打响，随后各地积极响应。

胡汉民

　　广东光复后由胡汉民出任广东军政府都督。

民国元年（1912）梅宗超加入中国同盟会广东支部的入会证书及中国同盟会共和章

　　广东一向是革命党人大力经营的地区，也是革命最活跃的地区。广东光复是在中国同盟会南方支部领导下实现的，胡汉民为该支部的领导人。

清末粤海关常关

　　广州光复后，各路民军先后进入广州，分驻城厢内外。惠军司令部就设于旧海关监督署。

光复后广东副都督陈炯明及民军在东园的合影

　　1911年11月9日，广东在各路民军的武力胁迫下"和平光复"。

1912年广东军政府颁发的"革命军功牌"，
以此表彰广东光复有功人士

广东军政府成立后胡汉民所发布的都督布告

1911年11月10日，广东军政府正式宣告成立。胡汉民任粤省都督，陈炯明任副都督，并着手建立一套新的统治机构。

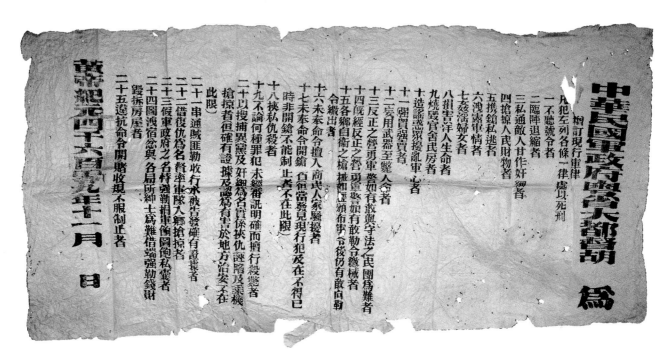

中华民国广东军政府勋章

中国同盟会会员、广东军政府财政部长李煜堂

广东军政府下设八部,从其人选来看,同盟会员掌握了军政府的实权。这在走和平独立的各省中是绝无仅有的。

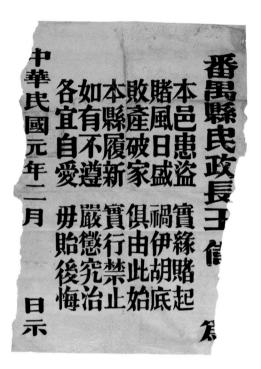

民国元年（1912）番禺县民政长布告

民国初年广东财政司催换新契传单

省级行政机构设置完备后，广东军政府就着手建立地方行政机构。废道、府两级旧制，以县直隶于都督。

广东军政府成立后，颁布了一系列法令。其中，1912年财政司司长廖仲恺提出的更换土地契约法案，是革命党人试图实践孙中山"平均地权"思想的一次尝试。

民国元年（1912）粤省军政府通用银票壹圆

光复后，广东军政府为解决财政危机，采取了筹募公债等措施。

广东陆军速成学校步兵科第一区队学生毕业留影

　　光复数月后，广东军政府决定解散民军，同时扩充陆军的力量，并且将清光绪末年开设的专门培养陆军士官的黄埔陆军速成学堂易名为陆军速成学校。

姚雨平

1911 年 11 月下旬，革命形势出现了新情况。清政府为扑灭革命，启用袁世凯为内阁总理。面对复杂的形势，胡汉民和姚雨平等筹组北伐军。

广东北伐决死队

1911 年 12 月 8 日，以姚雨平为总司令的广东北伐军从广州分三批乘船北上。

广东北伐队在广州瘦狗
岭演习

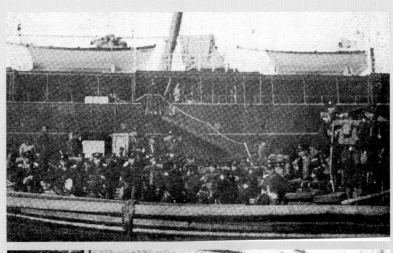

广东北伐队到达上海登岸情景

1922 年姚雨平手书的牌匾——"春庭日永"

　　南北议和达成后，1912 年夏，姚雨平迫于形势，通电宣布解散广东北伐军。

龙济光（右）与其兄龙觐光的合影

　　1913 年，孙中山发动了反对袁世凯北洋专制集团统治的二次革命。二次革命失败后，袁世凯任命龙济光为广东都督兼民政长。从此，广东开始了龙济光三年残暴专制统治的岁月。

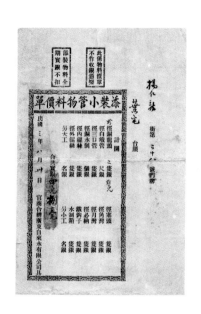

民国三年（1914）官商合办广东自来水有限公司出具的添装小管物料价单

龙济光督粤期间，官商合办广东自来水有限公司出具的添装小管物料价单。

桂系首领陆荣廷

1916年6月，滇桂护国军和广东民军发动进攻，击败龙济光部。7月，北京政府任命陆荣廷为广东都督，朱庆澜为省长。

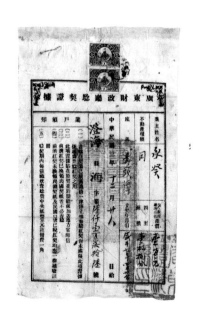

民国三年（1914）广东财政厅验契证据

第二章

南下护法　广州开府

1912年1月1日，孙中山在南京就任中华民国临时大总统，颁布具有民主精神的《中华民国临时约法》（以下简称《临时约法》）。但随着孙中山的辞职，约法被废弃，国会被解散。

维护《临时约法》和国会的思想，孙中山早在1913年进行的反袁斗争中便产生了。从那时起，孙中山就一直非常重视象征着资产阶级共和国的《临时约法》和国会，把它们视为民主共和的重要标志，他指出："国会为民国中心，宪法为立国大本"①，"约法与国会，共和国之命脉也，命脉不存，体将安托？"②如果听任国会解散，约法废弃，"则数十年革命事业的成绩，固全被推翻，而将来国家根本之宪法，亦无从制定，国本动摇，大乱不已"③，这是绝对不能容忍的。

1915年12月31日，袁世凯称帝，下令改中华民国为中华帝国。袁世凯复辟帝制的行为引起国内外民主人士的愤慨和抵制。1916年3月22日，袁世凯被迫宣布取消帝制，同年6月在全国人民的声讨声中死去。袁世凯死后，北洋集团分裂为皖系、直系、奉系等大小多个派系，出现了军阀割据和混战的局面。1917年7月，皖系军阀段祺瑞重新窃取了中央政权，公开拒绝恢复《临时约法》和国会。为维护《临时约法》的精神，孙中山立即高举护法斗争的旗帜，决心"荷戈援桴，为士卒先，与天下共击破坏共和者"④，正式踏上用武装斗争反对封建军阀的道路。

孙中山在1917年6月，与当时在上海的海军总长程璧光磋商，动员海军参加斗争，但海军必须有凭借的基地。于是孙中山考虑将护法基地设于上海，并与程璧光、唐绍仪、章炳麟等商谈，迁"国民政府"至上海，请黎元洪南下行使总统职权，督促全国讨逆。但是，上海是帝国主义集中之地，外交上动辄受制，护法力量难以立足。更重要的是，江苏督军冯国璋宣称不得以上海作为海军讨伐民国叛逆的基地，淞沪护军使卢永祥、浙江督军杨善德也监视程璧光和海军的行动，因此上海并非护法斗争的理想之地。此时，滇、桂系军阀为维护其统治也反对段祺瑞解散国会，废弃《临时约法》。同时，与桂系发生矛盾的广东省

---

① 邵元冲.总理护法实录[J].建国月刊，1929年，1（3）：85.
② 中国社会科学院近代史研究所中华民国史研究室，中山大学历史系孙中山研究室，广东省社会科学院历史研究室.孙中山全集：第3卷[M].北京：中华书局，1981：281.
③ 中国社会科学院近代史研究所中华民国史研究室，中山大学历史系孙中山研究室，广东省社会科学院历史研究室.孙中山全集：第4卷[M].北京：中华书局，1981：421.
④ 中国社会科学院近代史研究所中华民国史研究室，中山大学历史系孙中山研究室，广东省社会科学院历史研究室.孙中山全集：第4卷[M].北京：中华书局，1981：140.

长朱庆澜邀请孙中山赴粤组织政府。经过再三考虑，孙中山选择了广东作为护法基地。

1917年7月6日孙中山偕廖仲恺、朱执信、何香凝、章炳麟等人，乘"海琛"号军舰由上海启程，途经汕头、虎门等地，于17日抵达广州，竖起了护法的旗帜，呼吁各界奋起，共同为拥护约法而斗争。在孙中山护法的号召下，程璧光首先发表拥护约法宣言，提出"拥护约法，恢复国会，惩办祸首"的三项主张，宣告海军独立，并率领海军第一舰队10艘军舰从上海的吴淞口开赴广东。8月5日全部军舰抵达黄埔港。接着，滞留在天津、上海的国会议员也相继南下，至8月中旬抵达广州者已达150余人。海军和国会议员的南下，壮大了护法运动的声势，鼓舞了人们的斗志，促使孙中山加紧组建政府的工作。他提出采用"国会非常会议"的名称，以弥补到粤国会议员不到法定人数的缺憾，并于8月25日至9月1日召开了国会非常会议。在会议所通过的《中华民国军政府组织大纲》中规定：组织军政府的目的"为戡定叛乱，恢复《临时约法》"，宣布"《临时约法》效力未完全恢复之前，中华民国行政权由大元帅行使；大元帅对外代表中华民国。"(《国会非常会议纪要》)非常国会选举孙中山为大元帅，唐继尧、陆荣廷为元帅，负责行使军政府职权。9月10日，孙中山在广州河南的广东士敏土厂(水泥厂)就职中华民国海陆军大元帅，发表宣言和就职布告。护法军政府的成立，是孙中山联络各界护法力量的初步成果，标志着建立起一个同北方段祺瑞卖国反动政权针锋相对的新政权，开始了此后孙中山领导的长达五六年之久的护法运动。

护法军政府虽然建立起来了，但孙中山却面临重重的困难。

第一，滇、桂军阀的专横跋扈、各为己谋使孙中山陷入孤军奋战的困境。

孙中山把西南最强的实力派滇系唐继尧和桂系陆荣廷的部队视为"义师"，作为护法倚重的力量。然而这些具有强烈地方性的封建军事集团，并不尊重民意和法律，心中也无约法与国会。他们和孙中山所坚持的护法主张大相径庭，表面上之所以附和护法主张，不过是"项庄舞剑"，真正用意只是为了维护各自的地盘和权利，或者企图利用孙中山作为沽名钓誉的幌子，借以增大其"自主"的声势，以便与北洋政府进行权位交易，达到割据的目的。貌合神离的唐继尧、陆荣廷，对孙中山领导的护法运动，一开始就离心离德，多方进行抵制和破坏。早在孙中山刚刚举起护法旗帜时，依附桂系的岑春煊就图谋阻挠和破坏海军参加护法，幸亏孙中山及时排除这个障碍。当孙中山在广州筹建军政府时，陆荣廷、陈炳焜等又不断耍弄阴谋诡计，将拥护孙中山的广东省省长朱庆澜排挤出省，并破坏广东省

第二章　南下护法　广州开府

议会的省长选举，甚至连孙中山选定广东士敏土厂作为大元帅府都予以阻挠，使其不能及时拥有办公地点。

军政府成立后，盘踞广东的桂系军阀陆荣廷专横跋扈，极力排挤其他异己势力，根本不把在法律上居于其上的军政府放在眼里。孙中山名为军政府大元帅，实际上军政大权却操纵在桂系之手。陆荣廷提出另组政府，主张"总统复职"，并通电全国声明"以后广东无论发生何种问题，概不负责"（《国会非常会议纪要》）。陈炳焜则明确表示，广东"不能担负军政府和非常国会的经费开支。"①唐继尧也通电拒绝接受元帅职。军政府任命的六个部的总长及参谋总长，除陆军总长张开儒外，其他都因与滇、桂系的关系，而不肯就职，这就使最高领导机关成为一个空架子，只能靠孙中山一人独力支撑。

第二，财政竭蹶成为护法军政府面临的最大难题之一。

孙中山原以为财政经费不会有什么问题，曾乐观地说："款项筹措，不必过虑；况各省原有缴解中央之额，政府成立，当然照常解交应用，而外洋华侨亦皆乐于赞助。故兄弟以为财政问题，甚易解决也。"②但事实上，广东及西南护法诸省的当政者均明确表示，不愿将原来交送北京政府的税款转交给护法军政府，也不另外拨给他们活动经费。由于军政府本身无经济来源，为谋自存，孙中山不得不千方百计进行筹款。他所拟的《军事内国公债条例》及《承购公债奖励办法》，经国会非常会议通过后，便派人到各地和华侨中募捐，但由于军政府活动范围有限，收获不大。此外，孙中山还曾计划向外国借款以应付财政困难，但广东省各种资源均被桂系控制，不愿交给军政府作为抵押品，因此也无法实现。后来，孙中山又向驻粤的海关税务司交涉和力争，领取到数目不多的盐税余款，充作国会经费。据军政府财政部的有关财务报告统计，1917年9月至1918年5月的9个月中，总收入只有71.3万元，其中13万元是盐税余款、3万余元是地方铁路的收入及高等地方审判厅交送的公款，其余54万余元均为华侨捐款。由此可见，华侨捐款乃是军政府重要的财政来源。

财政上的窘困局面使孙中山苦心支撑的军政府内部也发生动摇和分化。陆荣廷借军政府度日艰难的机会以"厚利"收买海军和国会议员。他先从广东省府库每月拨交10万元给海军作为军饷，使"海军遂骎骎倾向桂系，虽有少数海军官佐仍愿受军政府之命，顾其势

---

① 陶菊隐.北洋军阀统治时期史话：第4册[M].北京：生活·读书·新知三联书店，1957：29.
② 邵元冲.总理护法实录[J].建国月刊，1929，1（3）：91.

力已分，意见不一，桂系遂得加以操纵。"①此外，陆荣廷又决定从盐税余款中拨出经费，用以收买、拉拢国会议员，使政学系等一班趋炎附势的政客纷纷投入桂系的怀抱，进而在国会中兴风作浪，结伙反对孙中山，出卖军政府。

当孙中山被桂系军阀威逼得喘不过气来时，他逐步认识到有军则有权这个严酷的现实，并决定建立一支真正属于自己的军队，作为军政府的支柱。为此，从1917年8月下旬起，孙中山以极大的努力同桂系军阀进行了许多回合的斗争。直到12月初，在艰难交涉长达三个多月之久后，才从陈炳焜手中争取到省长公署的二十营警卫军约8 000人，并且以不能驻在广州为条件。孙中山千辛万苦建立起的这支粤军，以陈炯明为统率，以"护法援闽"的名义开入闽南。由于这支粤军远在闽南，所以对军政府来说，还是等于没有武力。但这支军队却成为孙中山第二次护法运动的重要武装。

除桂、滇军阀跋扈给护法造成极大困难外，孙中山在处理外交和革命政党问题上的弱点，也大大增加了护法运动的困难程度，给护法运动蒙上了失败的阴影。到了1918年初，军政府内部和桂系军阀的矛盾日益尖锐和加深。桂系军阀为反对孙中山，伙同滇系军阀于1918年1月策划成立"中华民国护法各省联合会"，以取代军政府。这一阴谋虽然因孙中山及各方面人士的群起反对而未能得逞，但却发出了赶走孙中山的信号。之后，陆荣廷、唐继尧等西南军阀加紧策划推翻孙中山和军政府的活动，并同直系军阀沆瀣一气，更积极酝酿南北停战议和。孙中山坚决反对南北议和，并庄严宣称："舍恢复约法及旧国会外，断无磋商之余地。"②他为坚持护法的原则，同西南军阀的议和活动虽进行了不懈的斗争，但无力扭转大局。4月10日，国会非常会议第17次会议通过改组军政府的《中华民国军政府组织大纲修正案》，把军政府大元帅制改为总裁合议制，进一步剥夺了孙中山的职权，使他无立足之地。桂系军阀成为军政府的实际掌权者，而政学系头子岑春煊则为军政府的主席总裁。对此，孙中山愤怒至极。当5月4日国会非常会议悍然通过改组军政府决议后，孙中山便毅然决定向国会非常会议提出辞去大元帅职的咨文，并于同月21日，怀着沉重的心情，黯然离粤赴沪，结束了他的首次护法运动。

---

① 邵元冲. 总理护法实录[J]. 建国月刊，1929，1（3）: 93.
② 中国社会科学院近代史研究所中华民国史研究室，中山大学历史系孙中山研究室，广东省社会科学院历史研究室. 孙中山全集：第4卷[M]. 北京：中华书局，1981: 239.

1919年5月4日爆发的五四爱国运动对皖系军阀的统治产生了较大的冲击，在北方的直系利用这个有利时机，迅速崛起，并打出"和平统一"的招牌，与西南桂系暗通款曲，联手反皖。直系、桂系联盟的形成迫使孙中山改变策略。为了最大限度地孤立和打击主要敌人，避免在福建的粤军陷入两面作战的险境，孙中山毅然采取联合皖系反对直桂联盟的灵活策略。孙中山直接与段祺瑞的代表联系，策划共同反桂，并达成了协议：粤军回粤讨桂，原占闽西南地盘由皖系李厚基接收；李则负责接济粤军饷50万元，子弹600万发；粤军攻占潮汕后，闽军派出臧致平师、王永泉旅取道潮汕、协助粤军讨伐桂军。

1920年7月，直皖战争爆发，战争只进行了10天左右就以皖系的失败而告终。盘踞两广的桂系军阀受此鼓舞，决计乘势荡平援闽粤军。陆荣廷在广西龙州召开军事会议，粤督莫荣新也与方声涛、吕公望、林葆怿等举行军事会议，决定以进攻皖系李厚基为名，假途灭掳，对援闽粤军下手。8月11日，岑春煊以军政府政务会议的名义，下达进攻福建的命令：以沈鸿英为总司令，兵分三路，桂军刘志陆为中路，从潮汕向闽西南挺进；浙军吕公望为右路，由闽北向闽南攻击；靖国军、方声涛部为左路，由诏安、东山向漳州进击；林葆怿的舰队前往东山湾海域配合作战。

此时，基本作好回粤讨桂准备的援闽粤军严阵以待，于8月12日在漳州公园举行誓师大会。陈炯明发布命令：以许崇智第二军任右翼，由永定、上杭、武平进攻大埔、松口、蕉岭、平远、梅县；以叶举率领的第一军一部任中路，由平和进攻饶平、平原、高陂；以邓铿指挥的第一军一部任左翼，由云霄、诏安出击澄海、汕头。另外，还有邹鲁、姚雨平、张我东、谭启秀等部的义勇军在粤东各地响应。

粤桂战争于1920年8月16日全线爆发。由于粤军将士久驻闽南，屡受桂系挫抑。这次反攻粤东，皆抱着破釜沉舟之志，因此战斗力极强，攻势也凌厉无前。莫荣新调派桂军的精锐部队分头抵御，但都被击溃。8月19日粤军攻占梅县、潮州，20日攻占汕头。经过两个月的拉锯战，10月22日攻占惠州，29日克复广州。岑春煊、莫荣新、林葆怿等军政府巨头作鸟兽散。11月1日，孙中山以广州军政府的名义任命陈炯明为广东省长兼粤军总司令。11月28日孙中山再次抵达广州，重组军政府，展开第二次护法运动。这也是孙中山第二次在广州建立政权。

1921年元旦，孙中山发表演讲，建议仿效辛亥革命后组建南京临时政府的先例，在广州设立"正式政府","以为对内对外之总机关","开一新纪元,巩固中华民国基础,削平变乱"[①]。4月7日,"非常国会"在广州通过"中华民国政府组织大纲草案",规定新政府将不实行民国元年(1912)为钳制袁世凯而制定的《临时约法》所规定的内阁制,而实行元首制,并选举孙中山为大总统。5月4日,孙中山、唐绍仪、伍廷芳等军政府总裁宣布取消军政府。5月5日,孙中山宣誓就任广州"正式政府"大总统(因由"非常国会"选出,故俗称"非常大总统",下同)。随即孙中山陆续任命中国国民党人担任"正式政府"的各部总长和次长。

广州"正式政府"是继民国元年南京临时政府之后,由孙中山直接领导创建的中国第二个资产阶级民主革命政权。它接受孙中山及中国国民党的直接领导,履行孙中山的三民主义和革命方略。在内政措施和外交政策上,充分反映出民国以后中国资产阶级及其政党在反对军阀专制、反对列强干涉、建立民主政治的革命过程中所能达到的最高水平。这就为孙中山在日后实行国共合作的国民革命奠定前进的基石。

广州"正式政府"成立以后,在军事上先后进行西征讨桂和整军北伐。1921年6月,粤军总司令陈炯明指挥粤军分路出兵广西,迎击企图进犯广东的桂系军队。6月26日,粤军攻占广西梧州。6月27日,孙中山发布大总统令,命令攻桂粤军"荡平群盗,扶植广西人民,使得完成自治"[②]。7月下旬,桂系军阀陆荣廷通电下野。9月底,粤军攻占陆荣廷最后盘踞的广西边防重镇龙州,曾经称霸两广的旧桂系军阀统治土崩瓦解。10月中旬,孙中山巡视广西,12月4日抵达桂林,在桂林独秀峰下组建陆海军大元帅大本营,调集军队,准备由桂林经湖南讨伐直系军阀。孙中山出任陆海军大元帅,胡汉民任大本营文官长。先后奉命移师桂林参加北伐的粤军、滇军、黔军、赣军各部共有10个混成旅和30多个营,约有5万人。

在孙中山力主武力北伐的问题上,他所倚重的粤军总司令陈炯明向来持反对意见并从中破坏。陈炯明率军攻占广东之后,身兼广东省长、中国国民党粤省支部长、广州"正式政府"内务总长、陆军总长等党政军要职,权力的膨胀,使他萌发踞粤自雄的野心。1922

① 中国社会科学院近代史研究所中华民国史研究室,中山大学历史系孙中山研究室,广东省社会科学院历史研究室. 孙中山全集:第4卷[M].北京:中华书局,1981:450–451.
② 中国社会科学院近代史研究所中华民国史研究室,中山大学历史系孙中山研究室,广东省社会科学院历史研究室. 孙中山全集:第4卷[M].北京:中华书局,1981:555.

年3月，陈炯明派人暗杀邓仲元，迫使孙中山回师广东，在韶关设大本营，改道北伐。由于陈炯明不愿支持孙中山武力北伐、统一中国的主张，孙中山只好从韶关回到广州，试图劝解。但陈炯明早已移驻惠州，不愿来见。孙中山不得不免去陈炯明广东省长等职，这就引起陈炯明部属的不满。1922年6月16日凌晨，陈炯明部属叶举等人悍然发兵叛乱，炮轰总统府，企图颠覆广州"正式政府"。孙中山逃离总统府后，登上永丰舰，并在舰上指挥海军平叛，但终因孤立无援，被迫于8月9日离粤赴沪，第二次护法运动就此中途夭折。

陈炯明的叛变，是孙中山一生中最大的打击，促使他深刻反思中国革命，推动他寻找新的革命道路和真正的革命盟友，实现了自己一生最有意义的伟大转变。1922年下半年，孙中山等中国国民党领导人相继作出联俄、联共与改进本党党务的决策。从此，以孙中山和中国国民党为代表的旧民主主义革命力量和以中国共产党为代表的新民主主义革命力量联合在一起，共同掀起国民革命的狂飙。

"法"的由来

就任中华民国临时大总统时的孙中山

1912年1月1日，孙中山在南京就任中华民国临时大总统，宣告中华民国成立。3月11日，孙中山以临时大总统的名义颁布了由参议院制定的《中华民国临时约法》。约法规定了共和政体及人民的民主权利，是一部具有民主精神的宪法。

1912年2月孙中山偕总统府秘书处全体人员与北方代表唐绍仪等合影

1912年2月，孙中山在南京接见袁世凯任命的国务总理唐绍仪时与总统府秘书处全体人员合影。前排右起：冯自由、胡汉民、孙中山、唐绍仪。

第二章 南下护法 广州开府

41

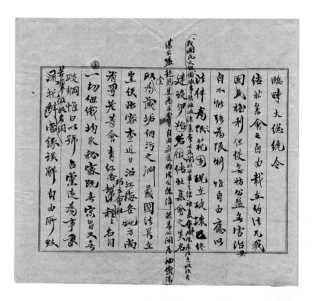

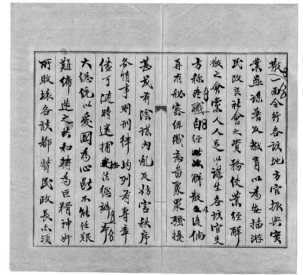

袁世凯解散各省议会的大总统令

　　继任临时大总统之后，袁世凯为巩固既得的权位，派人刺杀了主张内阁制的国民党副理事长宋教仁，后又取缔国民党、解散议会，颁布《中华民国约法》以取代《中华民国临时约法》，一步步为其复辟帝制创造各种条件。

1916 年 4 月 29 日孙中山、宋庆龄、廖仲恺、何香凝等在日本庆祝

　　袁世凯复辟帝制的行为引起国内外民主人士的愤慨和抵制。1916 年 3 月 22 日，袁世凯被迫宣布取消帝制。4 月 29 日，孙中山与友人在日本举行"帝政取消一笑会"时合影。前排左起：田中昂之女、廖梦醒、田中昂夫人、宋庆龄、孙中山和廖承志、何香凝、萱野长知夫人；后排：左二廖仲恺，左三胡汉民，左五戴季陶，左七田中昂。

黎元洪继任中华民国大总统

在全国人民的声讨之下，袁世凯众叛亲离，于 1916 年 6 月死去。原副总统黎元洪依法继任大总统。

段祺瑞

冯国璋

曹锟

王世珍

阎锡山

张宗昌

张作霖

袁世凯死后，北洋集团分裂为大小多个派系。图为皖系代表段祺瑞，直系代表冯国璋、曹锟，山西军阀阎锡山，山东军阀张宗昌，奉系军阀张作霖。

1917 年 5 月 22 日督军团在天津合影

1917年初，国务总理段祺瑞为争取日本政府的军费支持，主张参加第一次世界大战，大总统黎元洪坚决发对，因而酿发"府院之争"。北洋系多省督军齐集天津，要求解散国会，黎元洪不为所屈，下令免去段祺瑞总理职务，于是各省督军纷纷宣布独立，这被视为军阀割据倡乱的开始。

张勋

康有为

1917年6月，江苏督军张勋以调停"府院之争"为借口，率领辫子军闯入北京，拥立清逊帝溥仪复位。图为号称"武圣"的张勋和支持复辟的"文圣"康有为。

1917年7月在天津马厂誓师讨逆的段祺瑞

1917年5月下旬，段祺瑞在"府院之争"中被黎元洪免去国务总理之职后，暗中支持张勋复辟，待张勋赶走黎元洪、复辟成为事实后，他又誓师讨逆，将张勋驱逐，成为"再造共和的功臣"，但他拒绝恢复《中华民国临时约法》。

广东省长朱庆澜

1916年7月，朱庆澜被段祺瑞任命为广东省长。而控制两广的桂系陆荣廷为抵制段祺瑞武力统一中国的企图，对朱庆澜多方掣肘。为此，朱庆澜积极邀约孙中山南下护法，试图借助孙中山"护法"的旗帜与桂系对抗。

陈炳焜

1917年4月10日，任两广巡阅使的陆荣廷是两广的实际控制者。陈炳焜是陆荣廷的亲信。陆荣廷等既想利用孙中山的声望和护法招牌，又不愿意孙中山建立政权，致使孙中山在潮汕滞留数日。1917年4月在得悉海军也将南下后，为争取这支海军力量，他们终于决定邀请孙中山到广州。

1917年7月17日孙中山抵达广州后的留影

为维护临时约法的精神，孙中山在上海与唐绍仪、岑春煊、章炳麟联合发表通电护法，本拟在江浙一带寻找护法基地，却被当地军阀抵制，后应朱庆澜邀请，南下开展护法运动。

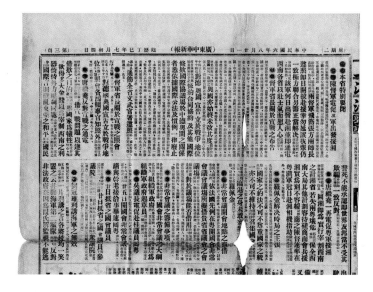

《广东中华新报》(1917 年 8 月 21 日)

1917年8月21日的《广东中华新报》详细记录了国会非常会议的开会地点、议程及敦促广西议员迅速赴粤等消息。

1917 年 8 月孙中山与南下国会议员合影

1917 年 8 月 25 日，国会非常会议在广州召开。

吴景濂

国会非常会议由原众议院议长吴景濂主持。会议通过了《国会非常会议组织大纲》《中华民国军政府组织大纲》等。

中山装、礼帽和手杖

　　孙中山1917年在国会非常
会议开幕式演讲时的中山装、礼
帽和手杖。

1917年8月孙中山等欢迎程璧光等南下海军

　　1917年8月孙中山等在黄埔公园欢迎程璧光等南下海军。前排右起：朱庆澜、林葆怿、王正廷、邹鲁、吴景濂、谢已原、崔文藻、胡汉民；后排：右一陈炳焜、右四孙中山、右五汪精卫、右七程璧光。

孙中山与南下
海军合影

民国六年九月十日孙大元帅就职拍照纪念

就职仪式上孙中山与众人的合影

1917年9月1日，国会非常会议选举孙中山为
中华民国军政府海陆军大元帅。9月10日，孙中山
在广东省议会举行就职仪式。

民国六年（1917）中华民国军政府组织结构图

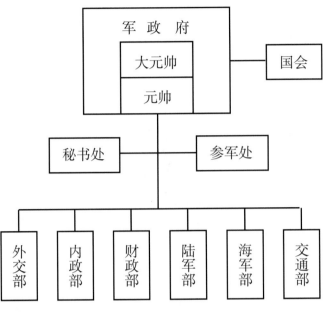

身穿海陆军大元帅服的孙中山

海陆军大元帅服、大元帅帽、大元帅印、大元帅指挥刀

　　孙中山穿戴过的海陆军大元帅服、大元帅帽，以及孙中山使用过的大元帅印、大元帅指挥刀。

广东士敏土厂的俯瞰图

孙中山就任海陆军大元帅后，设府于广东士敏土厂的办公楼。

大元帅府的门楼

1917年9月11日孙中山颁发的
中华民国海陆军大元帅布告

1917年9月11日孙中山颁发
的中华民国海陆军大元帅布告，
表示："荷戈援桴，为士卒先，与
天下共击破坏共和者。"

1918 年元旦孙中山与护法军政府官员合影

1918年3月孙中山、宋庆龄与大元帅府要员在帅府后花园合影

　　1918年3月孙中山、宋庆龄与大元帅府要员在帅府合影（后排从左到右：连声海、林焕庭、陈群、李焕、方毅、周道万、陈民钟、古应芬、戴传贤、黄惠龙、马伯麟、萧萱、朱伯元、马湘、孙科、胡毅生、刘纪文；前排从左到右：周应时、蒋中正、邹鲁、冯自由、徐谦、宋庆龄、孙中山、林森、黄大伟、邵元冲、胡汉民、廖仲恺）。

1918年3月孙中山、宋庆龄在大元帅府后花园留影

军政府下级出入证

唐继尧

护法军政府成立后，孙中山当选为海陆军大元帅，桂系军阀陆荣廷和滇系军阀唐继尧当选为元帅。但他们拒绝就任。

唐继尧赠靖国纪念章

唐继尧以护法作为与段祺瑞讨价还价的筹码，因而，他一方面不与护法军政府公开对立，另一方面则拒绝就任元帅之职，并将所部改编为靖国军，拒绝接受军政府的任命和调遣。

靖国军援川纪念赠章

援闽粤军司令部旧址

1917年12月，广东省长朱庆澜将所属的省长20营亲军交由军政府管理，这引起桂系的不满。经过多方斡旋，决定将这支军队派往闽南，以抵抗北洋军队的攻击，因而被称为"援闽粤军"。图为设在广州越秀南路惠州会馆（今中华全国总工会旧址）的援闽粤军司令部旧址。

陈炯明致古应芬函（1918年1月）

1918年1月前后，援闽粤军出发前夕，陈炯明致函古应芬，嘱托其代为撰写出征宣言。

援閩粵軍 總司令陳炯明

總指揮許崇智

參謀長鄧 鏗

第二軍軍長許崇智

第一軍兼軍長 陳炯明

援闽粤军行军要图

援闽粤军奉命进军福建，占领闽西南的汀州、漳州、龙岩等地，建立根据地，称为"闽南护法区"。

章炳麟致陈炯明函（1918年6月19日）

1918年6月19日，章炳麟致函陈炯明，对其以率部征闽之名义，开拓新的局面表示赞同。

陆军部总长张开儒

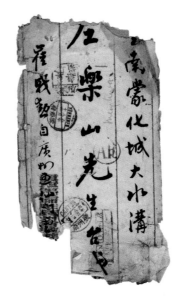

陆军部次长、总务厅长兼交
通部次长崔文藻的家书信封

　　护法军政府成立后，一直试图建立一支属于自己的军队，因而在广东各
地招募兵士，这引起桂系的警惕。1918年5月2日，桂系军阀、广东督军莫
荣新武力囚禁了护法军政府陆军部总长张开儒，枪杀了次长崔文藻。

岑春煊

　　1903年岑春煊曾任两广总督，
对后来的桂系军阀陆荣廷多有提携，
渊源极深。1916年护国运动期间，他
任两广军抚院主席。1917年随同孙
中山南下护法。

《岑粤督历史》

1918年初，岑春煊与桂系军阀勾结，极力改组军政府。

李根源

李根源是1918年5月护法军政府改组的主要策划者之一。

汤漪

1917年汤漪响应孙中山的号召，南下护法，并起草《中华民国军政府组织大纲》。1918年与桂系勾结，成为改组大元帅制政府为总裁制的骨干。

杨永泰

杨永泰是护法军政府的改组主谋之一。曾任大元帅府参议、广东军政府财政厅厅长、广东省长等职。

改组后广东护法军政府组织系统表（1918～1920 年）

主席总裁：岑春煊

总　　裁：唐绍仪、唐继尧、伍廷芳、孙中山、林葆怿、陆荣廷

内务部长：岑春煊　　　　　次　　长：冷　橘

外交部长：伍廷芳　　　　　次　　长：伍朝枢

海军部长：林葆怿　　　　　次　　长：汤廷光

陆军部长：莫荣新　　　　　次　　长：林　虎

交通部长：孙中山

司法部长：徐　谦

参谋总长：李烈钧　　　　　次　　长：方声涛

政务会议秘书长：章士钊　政务会议总务厅长：伍朝枢

（1920 年 5 月 4 日由桂系操纵的广州国会曾补选熊克武、温宗尧和刘显世为军政府总裁，代替离开广州的孙中山、唐绍仪和伍廷芳）

岑春煊给广东军政府的函（1918年6月5日）

1918年6月5日，岑春煊复信广东军政府，接受广东护法军政府主席总裁职务。

1918年5月孙中山与友人在梅县松口的合影

1918年5月4日，孙中山在受到排挤后辞去大元帅职务。5月28日，孙中山自广州经汕头抵达梅县松口，受到谢逸桥、谢良牧兄弟的欢迎，并合影于谢氏爱春楼前。

孙中山出席梅县松口中学欢迎仪式

1918年5月29日，梅县松口各界欢迎孙中山，并合影于松口中学。

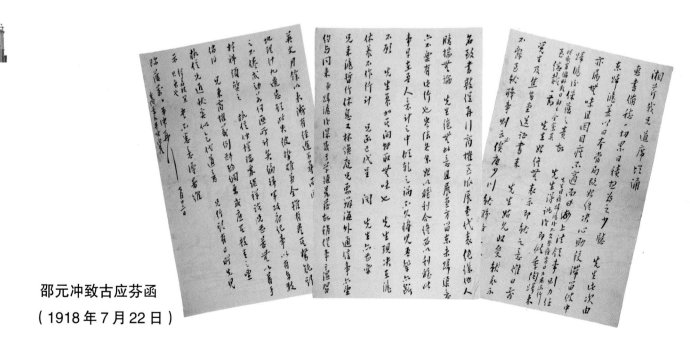

邵元冲致古应芬函
（1918年7月22日）

离开广东之后，孙中山本拟赴台，被拒后于1918年6月上旬到达日本，同月26日抵达上海。这是1918年7月22日邵元冲就孙中山自日本赴上海，及其对改组后军政府总裁等问题致古应芬的信函。

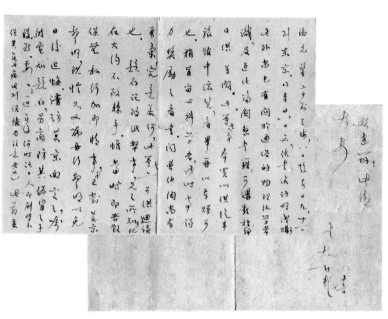

朱执信致古应芬函（1918年5月13日）

　　孙中山赴日本的同行者——朱执信于1918年5月13日在日本写给古应芬的信函，其间提到了孙中山在日本的情况。

1918年孙中山在上海

1919年冬孙中山与宋庆龄在上海合影

　　1919年冬，孙中山与宋庆龄在上海合影，以纪念结婚四周年。

1920年孙中山等在杭州西湖合影

　　1920年春，孙中山与友人游杭州西湖。自左起分别为：李茂之、宋庆龄、孙中山、黄惠龙、黄大伟夫人、马湘、陈少白、黄大伟。

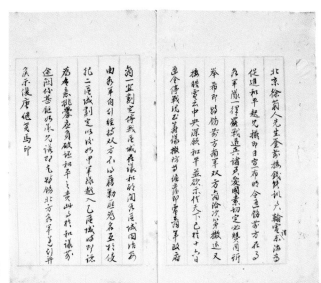

孙中山关于调和南北政局问题意见书

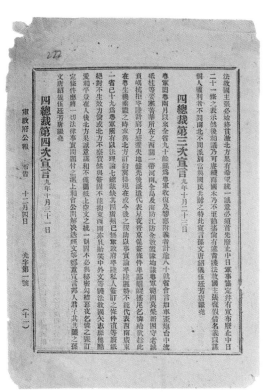

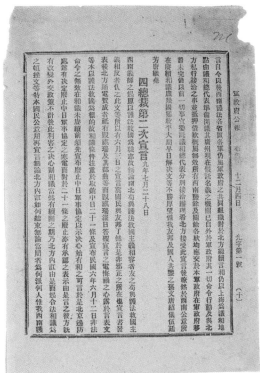

广州军政府四总裁有关政局的宣言

1920年6月上旬，孙中山在上海以孙中山、唐绍仪、伍廷芳、唐继尧四总裁名义发表联合宣言，否定广州军政府及国会，并责成唐绍仪与王揖唐接洽，恢复南北和会。

第二节
再次南下，成立南方政府

回师广州

粤军第一军司令部普通出入证

　　1920年直皖军阀矛盾日趋激化，直系与桂系的勾结日趋紧密，而皖系的段祺瑞则希望与孙中山合作。因此，当桂系军阀调集兵力企图进窥闽西南的粤军时，孙中山便决心以粤军回师广东，驱逐桂系。1920年8月12日粤军在福建漳州起兵回粤讨桂。

回粤粤军集合候命

　　1920年8月16日，粤军回粤战斗全面展开，由于得到广东各方的支持和拥护，粤军的作战得以顺利推进，第一阶段的作战以全部胜利而告终。1920年10月28日，粤军攻克广州，桂系部队逃回广西。

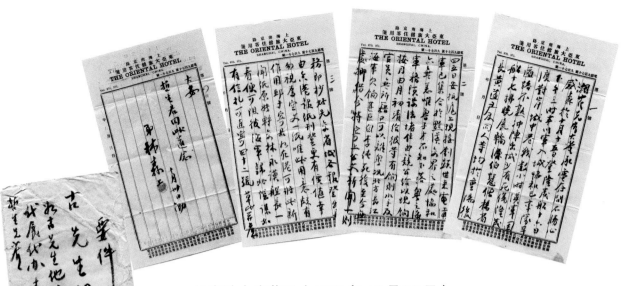

林森致古应芬函（1920 年 10 月 30 日）

1920 年 10 月 30 日，林森致函古应芬。介绍了由陈炯明、李烈钧等带领的粤、滇等军队反攻广州的情形。

《庚申粤人驱贼始末记》

1922年出版的《庚申粤人驱贼始末记》，详细记录了粤军回粤驱逐桂系的情况。

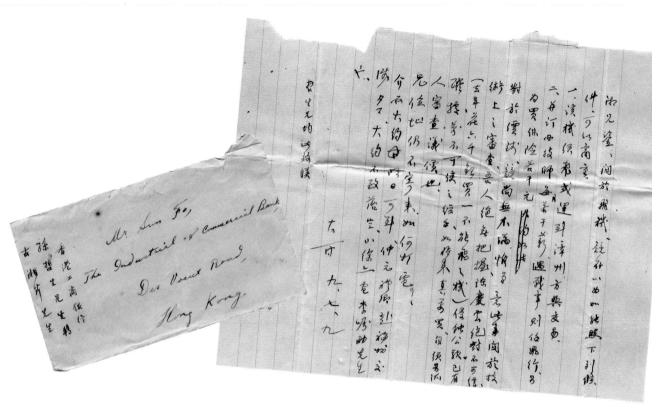

朱执信致古应芬函（1920 年 7 月 9 日）

粤军将领陈炯明十分重视飞机的采购，以加强粤军的实力。在这封写于 1920 年 7 月 9 日的信中，朱执信提到陈炯明关于购买飞机的两个条件：第一，飞机必须运到漳州方能交易；第二，须有熟悉飞机的西方技师驾驶。

孙中山介绍王绍一与朱执信联系的信函（1920 年 8 月 4 日）

孙中山在上海积极筹划驱逐盘踞广东的桂系军阀。1920 年 8 月 4 日孙中山在给朱执信的亲笔信中，请朱执信与到港的王绍一接洽，促其出兵攻打盘踞在广东的桂系军阀。

朱执信

朱执信为革命事业一直奔波。1920年9月21日，他在调停虎门驻军与东莞民军的冲突中，被乱枪击中壮烈牺牲。

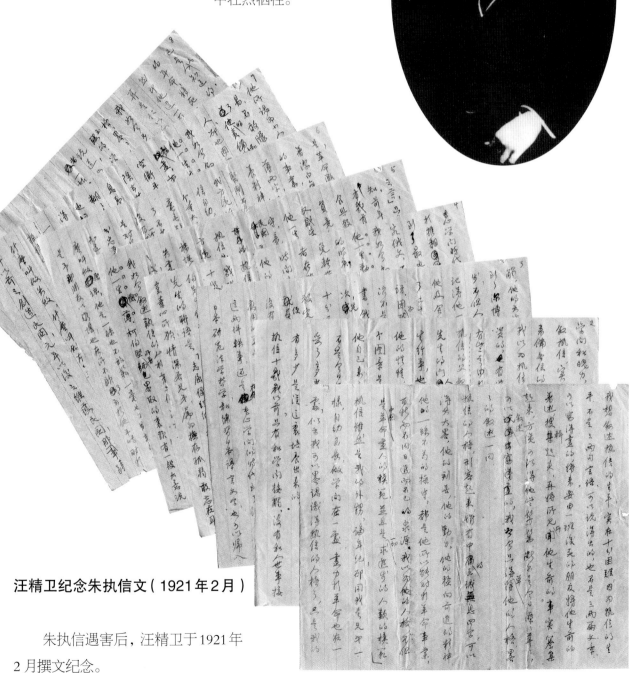

汪精卫纪念朱执信文（1921年2月）

朱执信遇害后，汪精卫于1921年2月撰文纪念。

杨仙逸

1919年援闽粤军飞行队成立，杨仙逸任总队长。1920年广东讨伐桂系军阀莫荣新时，杨仙逸等驾机参战。

杨仙逸在美国的飞行执照

1920年9月27日，杨仙逸、张惠长及聘来的美国飞行员S·维纳驾驶两架寇蒂斯水上飞机轰炸了观音山（今越秀山）莫荣新督军公署，使桂系军阀十分惊恐，这是广州最早的一次空对地战斗。

寇蒂斯HS-2L水上巡逻机（近）与 N-9C 水上飞机（远）

轰炸广州的战斗中，一架寇蒂斯HS-2L水上巡逻机（近）与两架N-9C水上飞机（远）编成三机编队飞行并进攻敌人。

粤军反攻广州要图

1920年11月2日援闽粤军进入广州

粤军总司令纪念章

1920年11月，粤军回师广州后，随即对部队进行整编。陈炯明任粤军总司令，邓铿任参谋长。

孙中山与唐绍仪等在赴粤轮船上

在陈炯明率援闽粤军与滇军等武装联合驱走桂系军阀之后，孙中山偕宋庆龄于1920年11月25日离沪赴粤，重组军政府。这是孙中山与唐绍仪等人在赴粤轮船上的合影。

第二章　南下护法　广州开府

1920年11月29日孙中山与唐绍仪、章炳麟等人合影

1920年11月28日孙中山回到广州。图为次日他与唐绍仪、章炳麟等人的合影。

军政府门楼

孙中山回到广州后重掌军政府实权。图为军政府大门。

1921年非常国会召开地

广东省咨议局（今广东革命历史博物馆），民国后成为省议会和非常国会所在地。1921年4月7日非常国会在此召开，222人中218人投票选举孙中山为中华民国大总统（又称"非常大总统"）。

国会非常会议议员名册

林森　　　　　周震麟

参议院议长林森、议员周震麟积极支持孙
中山就任大总统。

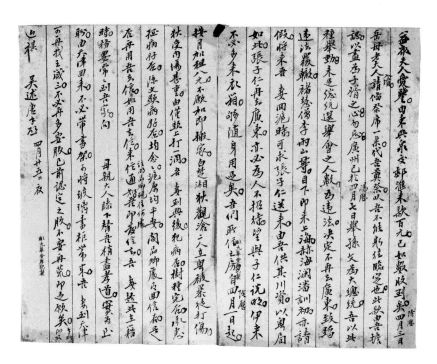

吴景濂就反对孙中山任大总统等事致其妻函（1921年4月25日）

曾任非常国会众议院议长的吴景濂，并不赞同孙中山就任大总统。吴景濂在这封1921年4月25日写给妻子的信里表示："广州已于阳历四月七日举孙文为大总统，吾以此种举动未足总统选举会之人数为违法，决定不再去广东，致蹈违法覆辙。"

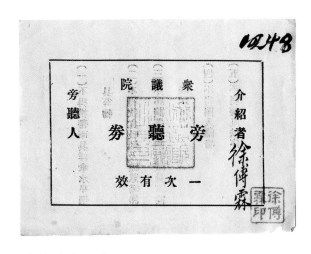 

众议院旁听券

非常国会召开期间，由徐傅霖发出的众议院旁听券。

孙中山就任大总统典礼合影

1921年5月5日，孙中山在广东省议会就任大总统。图为宣誓就职后孙中山与各界人士的合影。

民国十年（1921）中华民国政府组织系统图

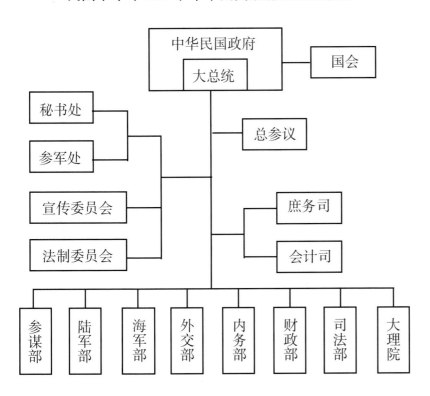

81

 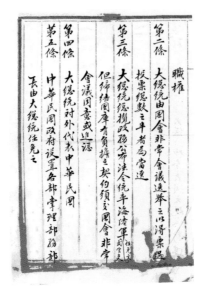 

中华民国政府组织大纲草案

孙中山颁发给蔡赞的爱国奖状

1921年，孙中山就任大总统后颁发给广州爱国商人蔡赞的奖状。

陈炯明

孙中山就任大总统时,陈炯明任陆军部总长、内务部总长兼广东省长。

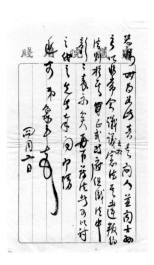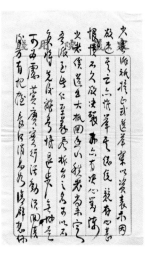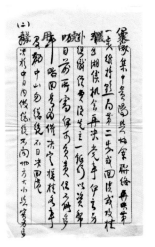

罗宗衡致吴景濂等人函(1921年4月2日)

罗宗衡在1921年4月2日这封写给吴景濂等人的信中,指出了陈炯明对于孙中山就任总统一事的不满:"孙决于中日内作总统,不问地方大小与实力多少,吾派只提正式选举案以资表示,因欲速其亡,亦惟举其总统。竞存心甚恨愤,不久欲决裂。"

20世纪20年代的广东省财政厅

　　孙中山就职当日，偕宋庆龄及各部总、
次长到广东省财政厅检阅各界巡游。

孙中山与宋庆龄在广州东园军人出征慰劳会上合影

　　为统一两广，扫清北伐障碍，孙中山决定出师广西讨伐桂系。1921年7月24日，孙中山与宋庆龄在广州东园出席"出征军人慰劳会"组织的义卖会，这是两人在开幕前的合影。

1921 年孙中山在广西桂林
誓师北伐

1922 年 1 月 2 日孙中山与中国国民党广西支部的同志合影

孙中山与宋庆龄在广西桂林

1922年2月9日孙中山与宋庆龄在广西桂林叠彩山。

孙中山与宋庆龄等在韶关火车站

广西战事结束后，1922年5月6日孙中山赴广东韶关督师北伐，宋庆龄率领红十字会员多人随行。

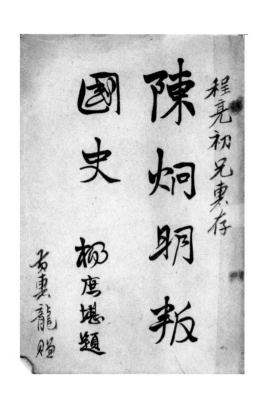

陈炯明叛国史（1922 年 11 月版）

在孙中山力主武力北伐的问题上，陈炯明向来持反对意见，他主张联省自治。政治理念上的差异，终于导致二人的分裂。这是 1922 年 11 月出版的《陈炯明叛国史》，其中记录了陈炯明在 1922 年 6 月 16 日发动兵变的原委。

叶举

由于陈炯明不愿支持孙中山武力北伐统一中国的主张，孙中山亲自从韶关赶回广州，试图劝解。但陈炯明早已移驻惠州，不愿来见。为此孙中山免去陈炯明广东省长等职，这引起陈炯明部属的不满，终于爆发了 1922 年 6 月 15 日夜至 6 月 16 日晨炮轰总统府的兵变。这次兵变的主谋是粤军参谋长叶举。

陈炯光　　　　　　　　　　　杨坤如　　　　　　　　　　洪兆麟

参与"六一六兵变"的有陈炯光（陈炯明弟）、
杨坤如及洪兆麟。

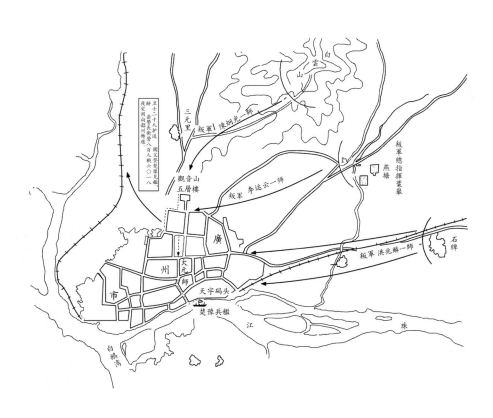

陈炯明叛军围攻总统府要图

薛岳

叶挺

孙中山就任大总统后，设立大本营警卫团，以陈可钰为团长，下设三营：分别由薛岳、叶挺、张发奎任营长。"六一六兵变"时负责保护总统府安全的是薛岳的一营和叶挺的二营。

姚观顺

"六一六兵变"时任总统府卫队长的姚观顺，负责孙中山与宋庆龄的安全。

永丰舰

1922年6月16日凌晨孙中山由总统府脱险后，登上楚豫舰避难。6月17日转登永丰舰，指挥平叛，直至8月9离开广州。

《孙大总统广州蒙难记》（1922年初版）

陈炯明部下发动"六一六兵变"之后，蒋介石从奉化老家赶赴永丰舰陪侍孙中山50多天，事后蒋介石写下《孙大总统广州蒙难记》一书。

蒋介石任大本营参谋长时在广州的留影

1923年蒋介石在广州任大本营参谋长。他因在孙中山处境艰危之际，生死与共，因而获得孙中山的高度赞赏和信赖。

伍廷芳

"六一六兵变"发生后，时任广东省长的伍廷芳，不顾八十高龄，往返奔波于省府和永丰舰之间，与孙中山会商讨伐的问题，后于1922年6月23日去世。

邹鲁

邹鲁与陈炯明在清末曾是广东法政学堂的同窗好友，相交甚深。"六一六兵变"之后，他毅然摒弃私交，任总统府特派员，召集粤、滇、桂军，驱逐陈炯明。

子培司令照以前溅水各舰一切行动皆受本总统之命令现因本总统要到滬上主持统一国是今日离永丰舰着令各舰归队此令

民国十一年八月九日 孙文

孙中山发布的《命各舰归队令》

北伐军回师失利后，孙中山于1922年8月被迫离粤赴沪，第二次护法运动失败。临行前他发布了《命各舰归队令》。

第三章　重建帅府　国民革命

1922 年 8 月，孙中山因陈炯明"六一六兵变"而回到上海，总结、反思和探索失败的原因后，他认为，革命必须有所"凭借"；而"欲得凭借，则非恢复广东不可"[①]。不久，他作出了讨伐陈炯明以恢复广东政权的决定。

1922 年下半年，孙中山通过联奉而取得军费上的资助，通过联皖而取得闽南，作为许崇智部讨伐陈炯明的基地。不久，许军与皖系合作攻下福州、泉州，并改编为东路讨贼军，许崇智为总司令兼第二军军长，形成东面讨陈的战略态势。与此同时，孙中山又派邹鲁为特派员前往香港，策动在广西的滇、桂军，联络和策反在广东的粤军和民军。1922 年 12 月 26 日，杨希闵部滇军、刘震寰部桂军、沈鸿英部桂军以及部分粤军，在广西大湟江白马庙举行军事会议，史称"白马会盟"。会议讨论了讨陈军事计划，确定了先取梧州，分途东下的具体部署。邹鲁以大总统的名义，委任杨希闵为西路讨贼军滇军总司令，刘震寰为西路讨贼军桂军总司令。1923 年 1 月 16 日，西路讨贼军进入广州，陈炯明军败退东江。

广州收复后，沈鸿英制造了"江防事变"，广州局势再度紧张。此时，为直系所控制的北京政府企图趁机染指广东，派人赴粤"慰劳"讨贼各军。孙中山为恐广州陷入更进一步的混乱，更不希望北方军阀插手广东，于是应广东各军的邀请，毅然于 2 月 21 日回到广州。1923 年 3 月 2 日，孙中山在广州大东门外农林试验场（滇军总司令部），设立陆海军大元帅大本营。4 月 3 日，大本营迁至广州河南的广东士敏土厂。

孙中山回到广州后，"他对南方根据地的控制是不牢靠的，因为他缺乏实力。他既不是为他夺回根据地的几支军队的真正控制者，又不掌握政府的财权"[②]。因此，大元帅大本营重建后面临的中心任务就是领导"讨贼"各军，开展保护广州革命基地的军事斗争。

大本营面对的第一次军事危机就是沈鸿英叛乱。"江防事变"后，沈鸿英迫于形势，对孙中山假意服从。然而在直系吴佩孚的支持下，沈鸿英于 4 月 16 日兵分三路进攻广州。孙中山与滇军总司令杨希闵一道赴前线指挥反击，于次日击溃沈军，肃清广州外围。4 月 25 日，粤一师会同滇军第四师攻占清远，切断了沈军西北面的退路。5 月 10 日，击退沈军占

① 孙中山.致蒋中正函（1922 年 11 月 21 日）[M]//中国社会科学院近代史研究所中华民国史研究室，中山大学历史系孙中山研究室，广东省社会科学院历史研究室.孙中山全集：第 6 卷.北京：中华书局，1985：616—617.

② 费正清.剑桥中华民国史：上卷[M].北京：中国社会科学出版社，1993：595.

领韶关。在西江战场，讨贼军于 5 月 18 日攻占肇庆，逼沈军退回广西。6 月初，沈军联合北洋军再度攻占韶关。6 月 27 日，孙中山亲赴北江指挥，7 月 4 日收复韶关，8 月初进抵始兴、南雄。至此，沈军对广州的威胁解除。

在应付沈鸿英的同时，大本营还要与盘踞在东江的陈炯明展开一系列艰苦激烈的斗争。1923 年 5 月 9 日，陈炯明在东江再次叛变，为此，孙中山多次赴东江督师作战，于 5 月下旬攻占博罗，包围惠州。然而，强攻惠州终不能破城。7 月，孙中山将大本营移至石龙，再赴前线指挥，但仍无法击破陈军。11 月 12 日，陈军占领石龙，大本营被迫再次迁回广州。由于东江战事失利，广州再次面临严重的军事危机。为保卫广州，孙中山急调谭延闿部湘军、樊钟秀部豫军回广州，并于 11 月 18 日击退陈军，一举收复石龙、博罗、增城等地，广州转危为安。

大元帅大本营虽然是军事行营，但与 1920 年孙中山在桂林成立的北伐大本营纯军事性质不同，它是具有内政、外交职能的政权机关。大本营建立初期，下设总参议、参谋长、秘书处、参军处、法制局、审计局、会计局、庶务司、内政部、财政部、军政部、建设部、外交部、海军部、参谋部、大理院等机构。随后还先后成立鱼雷局、航空局、宣传委员会、兵站总监部、筹饷总局等。大本营虽然是在战乱时期产生的特殊的、不完备的政府，但却"有如一个全国性的政府"①，因此，在内政、外交上实践了孙中山的革命思想和主张。

大元帅府建立后，其施政措施突出表现了孙中山的革命思想。第一，孙中山提出有计划地引进外资，发展实业，并提倡开垦荒地，这表现了大本营注重抓经济建设，以实业促革命的指导思想。第二，改革吏治，改造社会。孙中山从加强思想教育和严肃法制纪律入手，整理和改变为政风气。他要求中国国民党员不要"居心发财，想做大官"，而要"立志牺牲"，"人格高尚"，"使全国佩服"，以"得人心"来守住广东这块革命根据地②。第三，发展教育。1924 年初，大本营将国立高等师范、广东法科大学、广东农业专门学校合并为国立广东大学。该大学的成立，突出表现了大本营在极其艰难的条件下仍然重视教育，并视之为社会发展的根本。第四，孙中山根据资产阶级民主、自由和保

---

① 费正清. 剑桥中华民国史：上卷[M]. 北京：中国社会科学出版社，1993：597.
② 孙中山. 在广州中国国民党垦亲大会的演说（1923 年 10 月 15 日）[M] // 中国社会科学院近代史研究所中华民国史研究室，中山大学历史系孙中山研究室，广东省社会科学院历史研究室. 孙中山全集：第 8 卷. 北京：中华书局，1986：283.

障人权的原则，对司法进行改革。第五，整顿军纪。滇、桂军入粤后，以驱陈有功自居，开烟庇赌，坐收厚利。针对这一情况，大本营严令查拿为害地方的不法军人，并收到良好的效果。

在外交上，大元帅大本营有自己独立自主的外交政策。1923年下半年，大本营与列强进行了长期的收回粤海关"关余"的外交斗争，最终迫使列强作出让步，这是中国近代历史上罕见的强硬外交。"关余"斗争的胜利，是革命外交的第一步，对孙中山民族主义思想起了深化的作用。

孙中山前两次在广州建立的政权，是以"护法"来维系各派系、各军队，以"护法"为斗争的方向和目标。然而这次重建的大本营，孙中山放弃了"护法"的旗帜，不再召集国会，也不设议会，而是在确定联俄、联共意向后建立革命政府。其实早在1921年12月下旬，孙中山等中国国民党要人在桂林大本营多次接见专程来访的共产国际代表马林以及担任翻译的中共党员张太雷，商谈中国革命以及与苏俄合作的大计。孙中山详细向马林介绍中国国民党的历史、现状、策略和与海外华侨联系的情况，邀请马林向北伐军军官作关于苏俄革命的报告。孙中山还和张太雷讨论有关动员青年参加中国民主革命的问题。孙中山与马林会晤之后，得出苏俄推行的新经济政策与其民生主义主张相近似的结论，由此确定中国国民党联俄政策的理论基础。1922年1月下旬，他派张秋白作为中国国民党的代表，与中共及各界代表一起出席在莫斯科举行的各国共产党及民族革命团体第一次代表大会。马林与孙中山会晤之后，于1月中旬到达广州，亲眼目睹中国国民党与广东护法政权支持香港海员大罢工以及罢工海员大批加入中国国民党的情况，得到中国国民党领导人"允许在其党内进行共产主义宣传"的承诺①。于是，马林向中共和共产国际建议中共党员加入中国国民党，在中国国民党内进行政治活动，同时保持共产党的独立性，实行国共两党合作。同年7月中旬，苏俄和共产国际同意马林的建议。孙中山与马林的会晤，分别导致中国国民党、苏俄和中共三方先后不同程度地调整各自的方针政策。从这个意义上说，两人的会晤，在促进中国新、旧民主主义革命力量结合的历程中，成为重要的里程碑。

1923年下半年，孙中山力排各种阻力，加快了联俄、联共、扶助农工的步伐。在广州

---

① 叶剑英.忆孙先生的建军思想和大无畏精神[N].文汇报，1956-11-10.

局势初步稳定后，孙中山不再亲赴东江指挥作战，而是"把注意力转到重新向党注入活力的方面"①。他坐镇广州，积极推进党务工作，着手改组中国国民党。

1923年10月16日，孙中山在大元帅府召开中国国民党党务讨论会。会上，他发表了《过去党务失败之原因》的演讲。10月19日，孙中山委任廖仲恺、汪精卫、张继、戴季陶、李大钊为中国国民党改组委员。10月24日，特派胡汉民、林森、廖仲恺、邓泽如、杨庶堪、陈树人、孙科、吴铁城、谭平山等9人为中国国民党临时中央执行委员；汪精卫、李大钊、谢英伯、古应芬、许崇清为临时候补中央执行委员。10月25日，廖仲恺主持召开中国国民党改组特别会议。随后，临时中央陆续发表《中国国民党改组宣言》、《中国国民党党纲草案》、《中国国民党章程草案》等，这标志着中国国民党的改组工作在广州全面铺开。

1924年1月，中国国民党第一次全国代表大会在广东大学礼堂开幕。孙中山任大会主席，胡汉民、汪精卫、林森、谢持、李大钊为主席团成员。大会所成立的宣言、党务、宣传、章程4个审查委员会，均有共产党员参加。在国共两党的共同努力下，国共第一次合作正式确立。而大元帅府大本营也以新的面貌出现在中国民主革命的历史舞台上，实现了历史性的突进与飞跃。

第一，实施"以党治国"，以中国国民党作为大本营的决策机关和领导核心。

孙中山在中国国民党"一大"重申了"用政党的力量去改造国家"的原则。孙中山提出的"以党治国"，是以党的主义治国，并非是党员当官。这个主张同"军人当政"、"粤人治粤"等主张是相对立的。根据孙中山的提议，中国国民党的领导体制由总理制改为保留总理职位的委员制，突出了集体决策、领导的作用。中国国民党章程规定，中国国民党最高权力机关为全国代表大会，闭会期间为中央执行委员会，并新成立了中央监察委员会，旨在"稽核在党中央政府任职之党员，其施政之方针及政绩是否根据本党政纲及本党制定之政策"②。中国国民党第一届中央执行委员会是有中共党员参加的。这样，在国共合作建立后，大元帅府大本营就成为有共产党员参与的中国国民党中央集体领导下的革命政府。

---

① 费正清.剑桥中华民国史：上卷[M].北京：中国社会科学出版社，1993：598.
② 中国社会科学院近代史研究所中华民国史研究室，中山大学历史系孙中山研究室，广东省社会科学院研究室.孙中山全集：第9卷[M].北京：中华书局，1986：156.

第二，创办黄埔军校，建立革命军队。

大本营在讨沈、讨陈战斗中，依靠的军事力量基本是滇、桂等军阀的旧式军队，他们拥兵自重，为霸占地盘、升官发财和个人私利而争斗不休。为改变手中无军队的窘况，1924年5月，在苏联与中共的帮助和直接参与下，孙中山创办了黄埔军校。中共选派了大批党团员和进步青年到军校工作或学习，为建校建军做了大量实际的工作。军校的党代表制度和政治工作是黄埔军校作为新型军官学校的标志。军校的政治工作在周恩来的主持下开展起来的。在黄埔军校教导团的基础上，大本营组建了"党军"这支完全新式的革命军队，使之成为改造和更新旧式军队的模式。革命军革除了旧式军队的不良作风，军纪严明，得到广大人民群众的拥护和支持，逐步成为大本营依靠的中坚力量。

第三，保护和发展工农运动，巩固革命政权的基础。

中国国民党"一大"后，大本营以从未有过的积极姿态扶助和发展工农运动。中国国民党中央成立了工人部，由廖仲恺担任部长，由共产党员冯菊坡、刘尔崧担任秘书和干事，刘尔崧还担任了中国国民党广东省党部的工人部长。1924年5月1日，广州工人代表会举行隆重的开幕仪式。大会由廖仲恺主持，孙中山到会发表演说，希望工人们"作国民的先锋，在最前的阵线上去奋斗"[①]。广州工人代表会的成立是广东工人运动史上的一件大事，广州地区工人有了自己统一的领导机关。工人代表会发动和组织了沙面反帝大罢工；组建了广州工团军，推动粤汉、广三、广九三个铁路总工会，以及手车夫工会和兵工厂工会的组建工作。到1924年底，加入广州工人代表会的工会总数达到70多个。

在广州沙面洋务工人反对"新警律"的政治大罢工中，大本营鲜明地站在工人一边，是孙中山革命政权明确支持工人运动的重要表态。大本营外交部曾派陈友仁到沙面，要求英法领事取消"新警律"。罢工开始后，大本营拒绝了英国领事馆关于命令工人复工的交涉，并发动各界为罢工者捐献资金，派人慰问和宣传。罢工历时32天，终于迫使英、法帝国主义者取消"新警律"。

1924年7月，中国国民党中央执行委员会召开第42次会议，决定颁布工会法。11月，孙中山以大元帅令公布了《工会条例》21条。条例从法律上保障了工会的合法地位。人数

---

① 中国社会科学院近代史研究所中华民国史研究室，中山大学历史系孙中山研究室，广东省社会科学院历史研究室. 孙中山全集：第10卷[M]. 北京：中华书局，1986：149.

众多的工人通过工会组织起来，工会成为城镇颇具权威的重要群众组织，是可以与商人团体抗衡的集体力量。这是中国历史上第一个承认工人有言论、出版、结社、集会、罢工自由的工会法，对推进广东工人运动产生了十分重大的影响。1925年5月，第二次全国劳动大会在广州召开，宣告成立中华全国总工会，广州成为全国工会的领导中心。6月，省港大罢工爆发，大本营旗帜鲜明地予以支持合作。由于这次罢工的参加人数高达25万人，持续时间长达16个月，因此在中国工人运动史上是空前的，在世界工人运动史上也是罕见的。

在农民运动方面，中国国民党中央成立农民部，制定和实施了开展农民运动的各项计划。1924年，大本营发布了支持农民运动的宣言，随后又颁布了《农民协会章程》，建立乡、区、县、省、全国农民协会五级体制。此外，中国国民党中央执行委员会还选择广州市郊及近郊的县份实施试点，派遣特派员20多人前往开展工作。在广州市郊、香山、花县、顺德、东莞、宝安、鹤山、广宁、番禺、南海等县相继成立了县农民协会。这是广东省较早成立的县一级农民协会。至1924年10月，全省成立农民协会47处，会员有6万余人[1]。至12月，已有14个县47区建立了农民协会，会员人数增至18万[2]。

为推动农民运动的发展，指导各地农民运动，中国国民党中央执行委员会决定组织农民运动讲习所，一至五届农讲所共培养了454名讲习员，他们中"三分之一由中央农民部分派为广东各地特派员，从事农民运动工作；三分之二则分遣回籍，从事地方农民运动。所有广东各地农民协会多于此时组织起来"[3]。

工农运动在大本营的支持下，在广东迅速兴起和发展，为大革命积聚了雄厚的力量。同时，革命政权的基础也因此得到巩固。1924年10月，大元帅大本营依靠黄埔军校、工团军、农民自卫军及其他各军的力量，一举粉碎了商团的叛乱，解除了大本营的心腹之患。

---

① 佚名. 国民党农民部办理之经过[N]. 广州民国日报，1924–10–06.
② 佚名. 广东工农之政治主张[N]. 民国日报，1924–12–19.
③ 佚名. 第一次国内革命战争时期的农民运动资料[G]. // 佚名. 中国现代革命史资料丛刊. 北京：人民出版社，1983：6.

第一节
重建大本营

讨贼军游击第二旅司令部证章

1923年1月4日，孙中山在上海发表讨伐陈炯明通电，并号召组建讨贼军。1月16日，讨贼军攻克广州。陈炯明通电下野，残部退到东江、潮、梅一带。这是讨贼军游击第二旅司令部证章。

许崇智

讨贼军攻克广州后，孙中山马上任命邓泽如为广东省省长、许崇智为粤军总司令、魏邦平为广州卫戍司令，负责管理广州及广东全省的事务。

魏邦平

1923年1月26日，原桂系沈鸿英部突然发动"江防事变"，扣留了魏邦平。

古应芬

广州局势的突变，迫使孙中山中止返粤计划。在古应芬的建议下，孙中山临时在江门设立大本营。古应芬为大本营驻江门办事处主任之一。

孙中山回粤途经香港时在香港大学发表演讲后与师生的合影

"江防事变"平息后，各军将领纷纷电邀孙中山回粤主政。1923年2月21日，孙中山偕杨庶堪、蒋介石、张继、陈树人等人由上海启程经香港回广州。

孙中山就职阅兵授旗情景

　　1923年3月2日，孙中山在广州农林试验场设立陆海军大元帅大本营。后因农林试验场地方狭小，建筑不敷使用，于3月31日迁往此前的大元帅府——广州河南的广东士敏土厂。

五层楼（又名镇海楼）

　　陆海军大元帅大本营建立后，北洋政府加紧笼络南方各派军阀，并唆使沈鸿英再次发动政变，大举进犯大北门一带。在危急的关头，孙中山率侍从副官黄惠龙、马湘及数十名卫士直上位于广州城北观音山（今越秀山）上的五层楼，亲自指挥战斗，并大败敌军。

1923年孙中山在燕塘对粤军官兵训话

孙中山命令许崇智、刘震寰联合进剿沈鸿英。至1923年5月陆续收回被叛军占据的韶关、肇庆等地。

1923年孙中山到广东石井兵工厂视察

1923 年 6 月孙中山在讨贼军东莞石龙行营与欢迎者合影

　　沈鸿英叛变后不久，陈炯明在北洋政府的支持下，分三路进犯广州，并先后占领了梅县、宝安、潮州、汕头等地。为此，孙中山频频赴东江和北江前线督战并慰劳官兵。

1923年7月孙中山在博罗梅湖阵地
视察

1923年9月孙中山督师向博罗进发，
途中登上北岭视察阵地

1923年9月孙中山在飞鹅岭指挥攻击
惠州城

1923年10月2日孙中山在虎门威远炮台山顶

　　1923年11月，东江战事失利，广州危殆。为此，孙中山急调樊钟秀部回广州，并于11月18日击退陈军，一举收复石龙、博罗、增城等地，广州转危为安。

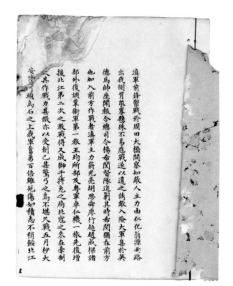

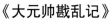

《大元帅戡乱记》

　　《大元帅戡乱记》是李烈钧记录1923年2月至11月孙中山平定叛乱的著述。

1923 年底孙中山和宋庆龄在大元帅府的合影

平息叛乱后，1923 年 12 月 2 日，孙中山在大元帅府举行庆功宴。

宋庆龄（前）与宋美龄在大元帅府的合影

　　1923年12月，到广州看望姐姐的宋美龄与宋
庆龄在大元帅府合影。

庆祝中华民国成立十三周年暨授勋典礼

　　1924年元旦，孙中山、宋庆龄等在广州大元帅府举行庆祝中华民国成立十三周年暨授勋典礼。在授勋典礼上宋庆龄亲自为平定"六一六兵变"中有功的将士佩戴勋章。

1924年元旦授勋典礼上孙中山、宋庆龄与众人的合影

1924年元旦孙中山颁授在"六一六兵变"中有功卫士奖牌的训词

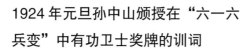

1924年元旦授勋典礼后，获孙中山颁发讨贼奖章的
总统府卫士队士官在大元帅府的合影

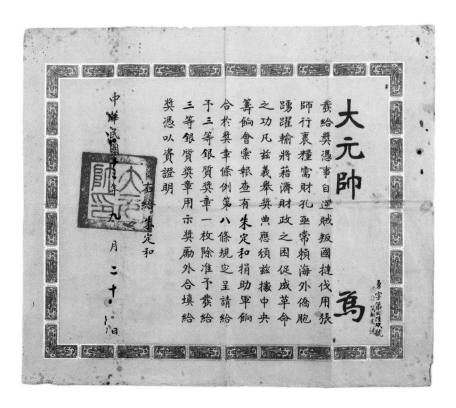

孙中山大元帅颁给朱定和
捐助军饷之奖章及奖凭

　　1924年，孙中山为奖励
槟城筹饷局局长朱定和在平
定陈炯明叛变中筹饷有功而
颁给他奖章及奖凭。

113

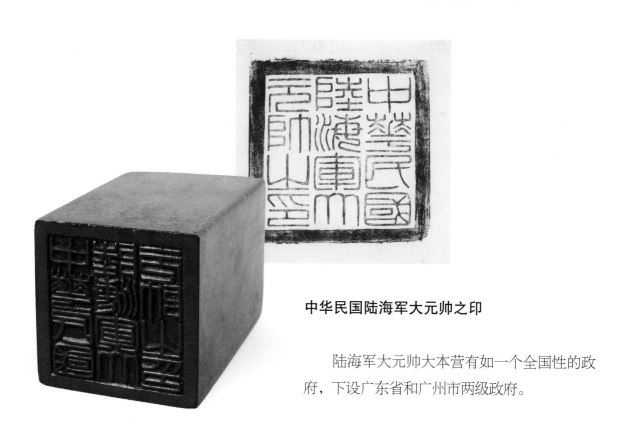

中华民国陆海军大元帅之印

陆海军大元帅大本营有如一个全国性的政府，下设广东省和广州市两级政府。

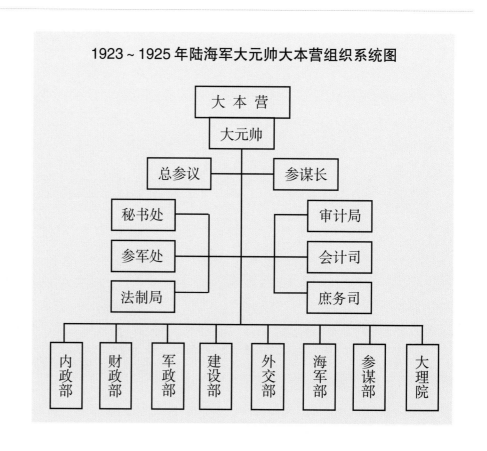

1923～1925年陆海军大元帅大本营组织系统图

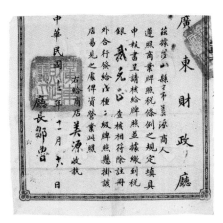

1923年广东省财政厅营业执照

1923年5月，孙中山颁发大元帅令，任命邹鲁为广东财政厅厅长。图为1923年邹鲁手签的广东财政厅营业执照。

陆海军大元帅大本营发给李蟠（李仙根）的特别出入证

孙中山在大元帅府与伍朝枢及其美国友人的合影

1923年6月，孙中山任命伍朝枢为外交部长。

1923年大本营财政部核发的
特许贩卖酒类牌照

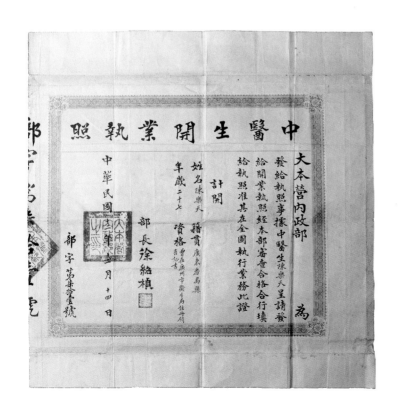

1924年大本营内政部核发的中
医生开业执照

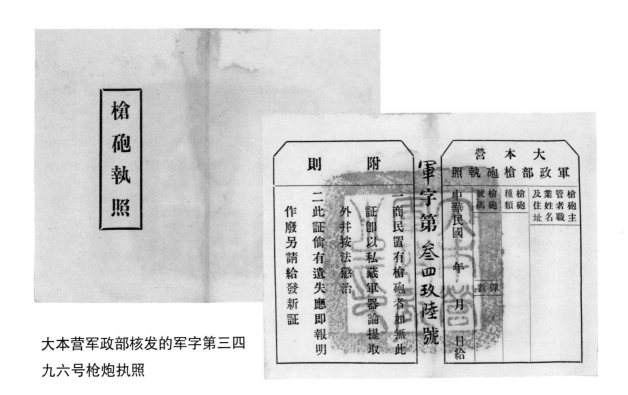

大本营军政部核发的军字第三四九六号枪炮执照

1924 年外交部特派广东交涉员签发的护照

This is the first airplane built in China. Designed May 1923. Flown July 1923.

The "Rosamonde" (named in honor of Mrs Sun yat-sen)

1923年7月由杨仙逸主持设计的"乐士文"1号飞机在大沙头试飞成功后，孙中山夫妇在飞机前留影

　　孙中山对中国的航空事业十分重视，早在1918年，第一次建立政权期间就成立了航空处。1922年，第二次建府后将航空队改组为航空局，任命杨仙逸为局长。1923年，在平定沈鸿英叛乱中，航空局派黄光锐等驾机助战。

孙中山在大元帅府回廊撰写《建国大纲》

　　孙中山第三次返粤重组政府后，迫于形势而将主要的精力放在军事斗争上。但他对中国未来的建设与发展也是倾注了很多的心血。这是他在大元帅府回廊撰写《建国大纲》的情景。

孙中山在大元帅府办公室

收回粤海关关余

粤海关大楼

1923 年 9 月，大本营要求收回粤海关关余，被无理拒绝。12 月孙中山以军政府名义发表宣言，揭露帝国主义支持北洋军阀政府，破坏广东革命政府的阴谋。

1923 年 12 月 21 日，孙中山在岭南大学发表关余问题演讲后与宋庆龄的留影

孙中山任命陈友仁、宋子文、罗桂芳为收取关余全权委员的手令

1924年10月11日，孙中山任命陈友仁、宋子文、罗桂芳为收取关余全权委员。

广州各界为收回海关权进行大示威

1923年12月，帝国主义列强的军舰开进广州白鹅潭，企图以武力压制大本营收回关余的正当要求。政府为收回粤海关关余与外交公使团展开斗争，得到广州各界群众的支持，迫使外交公使团于次年4月同意将关余拨交给广州政府。

改组中国国民党，实现国共合作

张太雷陪同马林到桂林与孙中山会谈的油画

　　1921年12月，共产国际派驻远东代表马林到桂林与孙中山进行会谈。

孙中山上海寓所客厅

第二次护法运动失败回到上海后，孙中山的思想发生了转变，逐渐意识到中国国民党的局限性。1922年8月孙中山在上海寓所会见马林，表示愿与苏俄合作。

越飞

《孙中山与越飞氏之重要谈话》

1923年1月16日，苏俄驻华全权代表越飞赴上海与孙中山谈判有关中俄联合的问题，并于1月26日公开发表《孙越联合宣言》，这标志着孙中山初步确立了联俄政策。

孙中山与参加党务会议的代表在大元帅府后花园合影

1923年10月16日，孙中山在大元帅府召开中国国民党党务讨论会。会上，孙中山发表了《过去党务失败之原因》的演讲。

孙中山宴请苏联顾问时的合影

1923年10月，孙中山、鲍罗廷和李大钊在大元帅府会晤，商谈改组中国国民党、实行国共合作一事。图为10月9日孙中山在大元帅府宴请以鲍罗廷为首的苏俄代表团。

中国国民党"一大"会址

1924年1月，中国国民党"一大"在广州国立高等师范学校礼堂召开。孙中山主持了开幕式并致辞。图为中国国民党"一大"会址（今广州市文明路中国国民党"一大"旧址纪念馆）。

孙中山在中国国民党"一大"上发表演讲

孙中山在大会上提出中国国民党改组有两件事，一是把中国国民党组织成有力量、有具体的政党；二是用政党的力量去改造国家。

中国国民党"一大"会场

大会通过了孙中山指定的主席团成员——胡汉民、汪精卫、林森、谢持、李大钊。

孙中山与"一大"代表步出会场的情景

《中国国民党第一次全国代表大会宣言》（1924年初印本）

大会先后通过了《中国国民党第一次全国代表大会章程》、《中国国民党总章》、《组织国民政府纪要案》等重要议案。

孙中山与参加中国国民党"一大"的部分代表合影

中国国民党"一大"后，建立了国共统一战线，开展了轰轰烈烈的国民革命运动，为日后统一广东革命根据地，进行北伐统一全国奠定了基础。

彭素民

1923年1月，彭素民任中国国民党中央总务部部长。1924年当选为中国国民党中央候补委员，后历任中国国民党中央常委、农民部长等职。任农民部长期间，积极支持农民运动的发展。

1924年6月7日，《广东农产品展览会筹备委员会各部联席会第二次会议录》

彭素民任农民部长期间，积极筹办农民协会、农品展览会、农民运动讲习所。1924年6月7日，广东农产品展览会筹备委员会各部联席会召开第二次会议，彭素民担任会议主席。这是该会的会议记录。

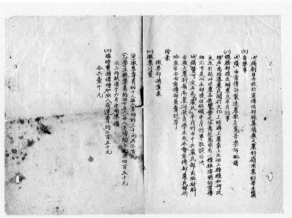

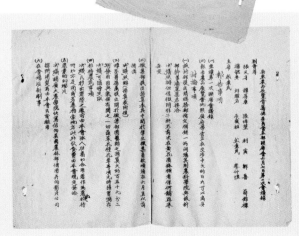

彭湃

　　1924年，彭湃加入中国共产党，是海陆丰农民运动和革命根据地的创始人。1923年7月至1925年底，在广州举办了五届农民运动讲习所，彭湃担任第一届和第五届农民运动讲习所主任。他被毛泽东称为"中国农民运动大王"。

广东省番禺县农民协会章

　　广州市郊、香山（今中山市）、花县（今广州市花都区）、顺德、东莞、宝安、鹤山、广宁、番禺、南海等县相继成立了县农民协会。

廖仲恺

    中国国民党一届一中全会决议，设立负责工人工作的机构——国民党中央工人部，目的为"改进劳动者生活状况，保障劳工团体，并辅助其发展"。廖仲恺为工人部长。

马超俊

    马超俊早年参加镇南关起义、广州三二九起义及武昌起义。曾先后创立南洋烟草工会、中国机器总工会，先后参与发动1919年广州机器工人罢工、1920年香港机器工人大罢工和1922年香港海员大罢工，均取得重大的胜利，是中国国民党内比较著名的工人运动专家。

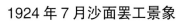

1924年7月沙面罢工景象

    1924年7月初，沙面租界当局颁布"新警律"，限制华人自由出入，沙面华工不堪侮辱，举行罢工。

1924年9月24日孙中山在韶关向农团军和工团军演讲

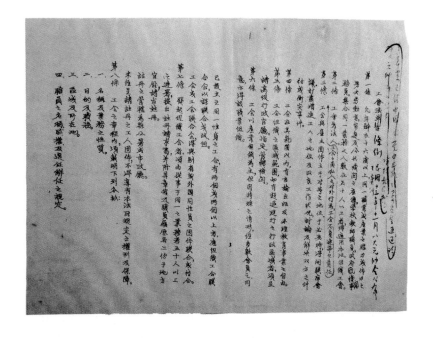

《工会法条例草案》（油印件）

1924年11月，孙中山于广州以大元帅令公布之《工会法条例草案》。

1925 年广州旅业工会发给余荣的证书

1925 年，广州旅业工人在广州市工人代表大会的领导下组织起工会，以黎汉英为委员长，西濠、新亚、东亚、亚洲、大东、广州这六大酒店同时成立工人俱乐部。

沙基惨案中牺牲的烈士

1925 年，上海五卅惨案发生后，在国共两党和中华全国总工会等多个团体发起下，6 月 23 日，广州各界人士 10 余万人在东较场集会举行声援上海工人的反帝大游行。当游行队伍经过沙基路时，沙面英、法等国军警突然向游行队伍扫射，当场死亡 50 余人，造成震惊中外的"沙基惨案"。图为被屠杀的群众。

1925年中华全国总工会省港罢工委员会罢工宣传标语

　　1925年6月，为声援上海人民五卅反帝爱国运动，广州和香港爆发了历史上规模最宏大的一次罢工——省港大罢工。由于这次罢工的参加人数高达25万人，持续时间长达16个月，因此在中国工人运动史上是空前的，在世界工人运动史上也是罕见的。

黄埔军校

为了建立革命武装，在中共和苏俄的帮助下，孙中山于1924年5月在广州黄埔长洲岛创办了陆军军官学校，俗称黄埔军校。

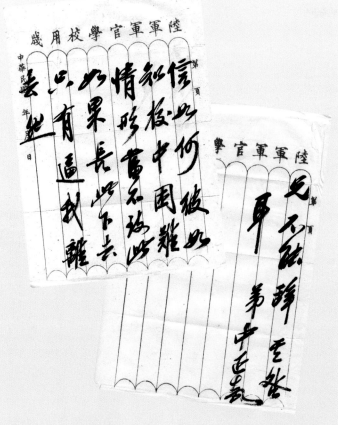

蒋介石关于黄埔军校经费问题致古应芬函（1924年12月17日）

孙中山任命蒋介石为黄埔军校校长。图为1924年12月17日，蒋介石就黄埔军校办校经费极度紧张问题致函大本营财政部长兼军需总监古应芬。

后辛亥时代的孙中山与广州

孙中山在黄埔军校开学典礼上训话

1924年6月16日陆军军官学校在广州
黄埔长洲岛正式成立,孙中山亲临开学典
礼并训话。

1924 年 11 月 3 日孙中山视察黄埔军校时的合影

　　孙中山对黄埔军校极为关心，曾5次到军校巡视、演
讲、检阅。孙中山第四次视察黄埔军校时的合影（前排
左五邹鲁、左六胡汉民、左八蒋介石）。

孙中山与宋庆龄在黄埔军校的合影

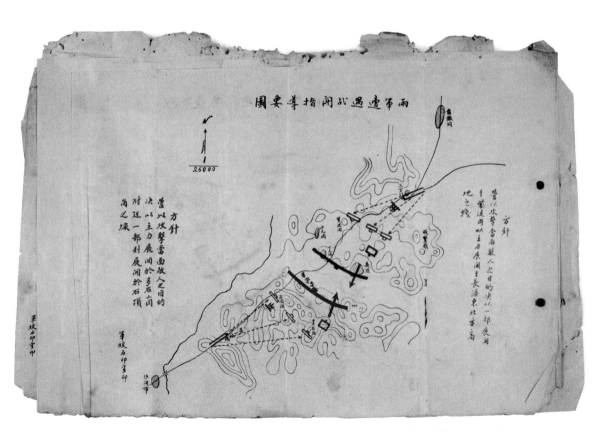

黄埔军校军事课程中所使用的教材地图

第六节

平定商团事件

民国元年（1912）粤商维持公安会纪念章

辛亥革命之后，许多地方都出现了商团组织。广东的政权更迭频繁，匪患十分猖獗，为了保护自身利益，商人联合组成商团组织，以自卫为原则，不依附于党派团体，不参与政治。

民国八年（1919）番禺城北商团军
成军纪念章

廣東全省商團團務會議攝影紀念民國十三

广东全省商团团务会议合影

1924年5月27日，广东全省商团团务会议在广州召开，商团总长陈廉伯等出席会议。

陈廉伯

陈廉仲

广东商团总团长陈廉伯及其弟陈廉仲。

哈佛轮船

　　1924年8月，在英帝国主义支持下，以英国汇丰银行买办陈廉伯为首的广州商团私运大量武器弹药至广州。图为运载商团枪械的哈佛轮船。

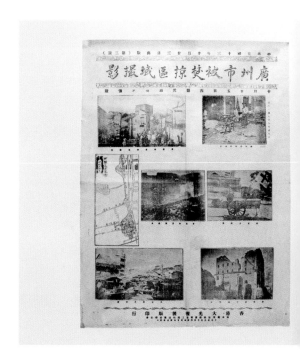

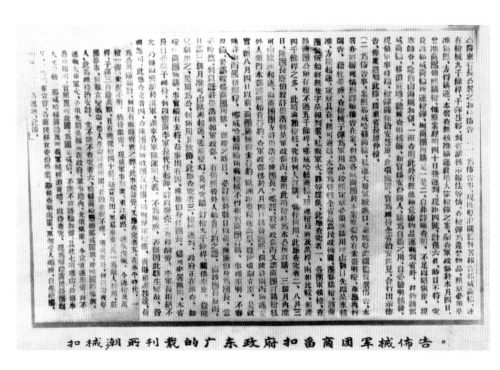

扣械潮所刊载的广东政府扣留商团军械佈告。

1924 年 8 月大本营发布的扣械布告

因哈佛轮船到货日期、枪械数目与批件不符，孙中山下令全部扣留。

1924 年 10 月广州被焚毁情景招贴画

扣械引发商人罢市，孙中山决定对商团予以坚决镇压。10 月 15 日孙中山下令以武力平定了商团事件。

第四章

孙氏父子 建设广州

　　孙中山早年曾多次游历香港和欧美各国，对那里的城市近代化程度留下深刻的印象。他说过，在香港读书期间"暇时辄闲步市街，见其秩序整齐，建筑闳美，工作进步不断，脑海中留在甚深之印象。"①因此，在考虑中国建设事业时，他尤其注重城市发展问题。1918年，孙中山在离粤居沪期间撰写的《实业计划》中，首先充分肯定了广州的历史地位，称她"不仅中国南部之商业中心，亦为通中国最大之都市，迄于近世，广州实太平洋岸最大都市也，亚洲之商业中心也。"②，其后，他更大胆地、有前瞻性地提出了"改良广州为一世界港口"②等规划设想，其中包括筑堤、整治水道、修坝等措施，勾勒出一幅诱人的发展蓝图。同时他设想"新建之广州市，应跨有黄埔与佛山，而界之以车卖炮台及沙面水路。此水以东一段地方，应发展之以为商业地段；其西一段，则以为工厂地段"③。他认为通过拓展市区范围，活跃商业，发展房地产，可以不断提高广州的城市价值。此外，孙中山还客观地分析了广州的地理条件，"夫自然之原素有三，深水、高山与广大之平地也。"④可建成集港口、工商业中心于一体的宜居花园式城市。由此可见，孙中山对广州的建设事业倾注了极大的兴趣和热情。然而，20世纪初期，频繁的战事，动荡的政局，使建设广州、发展经济成为一种奢望。1917年至1925年，孙中山在广州三次建立革命政权，虽然政局还不算稳定，但他建设广州的理想却在其长子孙科的积极响应下，逐步得到实践。

　　孙科，毕业于美国哥伦比亚大学研究院，主修政治、经济及理财。1917年他回到广州，先在大元帅府任秘书，后改任非常国会参议院秘书。1921年，时任广东省省长的陈炯明组建广州市市政厅，采取市长制，孙科被任命为广州市的首任市长。其后他又两次出任此职，广州大规模的市政建设主要是在他的三任市长任期内进行的⑤。他为广州市的革新和发展做了大量的工作，其建市的理念及实践也为后来民国时期的都市建设提供了模式。

　　首先，确立广州新的市政体制，开创近代中国城市独立管理体制的先河。

　　① 中国社会科学院近代史研究所中华民国史研究室，中山大学历史系孙中山研究室，广东省社会科学院历史研究室.孙中山全集：第7卷[M].北京：中华书局，1985：115.
　　② 黄彦.建国方略[M].广州：广东人民出版社，2007：175.
　　③ 黄彦.建国方略[M].广州：广东人民出版社，2007：183.
　　④ 黄彦.建国方略[M].广州：广东人民出版社，2007：185.
　　⑤ 孙科三次出任广州市市长的时间：1921年3月～1922年6月、1923年2月～1924年8月、1926年6月～1926年12月。

中国封建社会里，长期实行城乡合治的地方行政体制，城市仅是各级官府的治所和实施封建专制统治的重点区域，没有相对独立的管理城市的专门机关，更没有能够体现市民意愿的民主机制。晚清以前，驻在广州城内的主要行政官员包括两广总督，广东巡抚，布、按两司（布政司与按察使司），广州知府，以及两个县官（南海县与番禺县）等。这些大小官员，均有权干预广州城的事务，但在众多的官员中，并没有近代意义的专职的、职责明确的市政管理者。进入近代之后，这种城乡合治的状况和封建专制统治已不能适应城市发展的要求，遂有城市自治运动的兴起。广州在20世纪初期出现的"粤商自治会"、"广东地方自治研究社"等，就是这种自治要求的表现。民国建立后，城乡分治和实行地方议会政治的呼声更加强烈，政府层面的酝酿筹划也一直在进行之中。1918年改组军政府时，根据胡汉民的建议设立市政公所。同年10月，广州第一个近代意义上的城市行政机关——市政公所正式成立。当时市政公所的重要任务就是拆卸城墙，将城基改建为马路，至于教育、文化、娱乐等内容都还谈不上。因此，市政公所是一个不完全的市政机关，是近代广州市政草创阶段的产物。在市政公所的领导下，广州的城市面貌得到一定的改观。1920年底，孙中山再次回粤建立革命政权。此时的孙科为治河督办，他感到市政公所的任务过于单纯，规划也不健全，而且事权又漫无标准。于是便向当时的省长陈炯明建议，应该另建新制，组织一个现代化都市的市政系统。孙科的主张得到革命政府的大力支持，于是他参照当时美国市政制度的最新发展趋势，连夜撰写了《广州市暂行条例》。

《广州市暂行条例》共8章57条，其主要内容为：（1）实现城乡分治。条例规定"广州市为地方行政区域，直接隶属于省政府，不入县行政范围。"① （2）市行政委员会为行政机关，执行市行政事务。该委员会由市长和各局局长组成。市长是一市的代表，"综理全市行政事务，为市行政委员会主席。"②市长由省长任命，任期5年，财政、工务、公安、卫生、公用、教育6局局长由市长推荐，并请省长委任。（3）另设市参事会和审计处两个独立的机构。市参事会为代表市民辅助市行政的代议机关③；审计处为监督机关，办理审计事宜。

① 许瑞生.广州近代市政制度与城市空间[M].广州：广东人民出版社，2010：217.
② 许瑞生.广州近代市政制度与城市空间[M].广州：广东人民出版社，2010：218.
③ 许瑞生.广州近代市政制度与城市空间[M].广州：广东人民出版社，2010：221.

该条例经省政府核定后于1920年12月23日正式颁布。由于《广州市暂行条例》是由政府主动制订和推行的新的市政制度，因而能达到相当的广泛性和稳定性。该条例的颁布开创了近代中国较为完整的市政制度之先河，这一制度显然比以往的地方自治显示出更高的层次和政府的正统性，使近代中国政府的地方管理体制有了一个根本性的转变，因而具有里程碑式的意义。1927年，国民政府成立后基本也是运用这种制度。

1921年2月15日，新条例正式实施，广州市市政公所随即按照条例改组为广州市市政厅，孙科被委任为首任市长。广州市市政厅是近代中国最早的独立的城市政府，而且是我国城市实行"市"制及市行政设局管理之始，从此"市"开始成为国家政权的一级行政组织。

其次，开展大规模的城建活动。

20世纪初期，广州的城市面貌较上海、北京落后，孙科上任后，希望市容能有一个大的改观，因而把主要的精力投放在市政建设上。

1. 筑路浚渠，拓宽街道。

广州在市政公所时代已经制订有修建24.5英里①现代化道路的计划。至1921年初广州市市政厅成立前，修筑成惠爱路、一德路、丰宁路、永汉北路、万福路、百子路、德宣路、文德路、永汉南路、越华路等花砂马路。至1921年，广州城区内已筑成的近代马路和街道达17英里，另有7.5英里马路正在修建之中。孙科上任后，将剩余的筑路工程完成。这些新修的马路宽度（包括人行道）为80英尺至150英尺②。这样，广州城初步构成以惠爱路为东西主干线，永汉路为南北主干线，再辅以东西走向的长堤、一德路、万福路、德宣路、泰康路、广卫路、越华路、惠福路等，南北走向的丰宁路、文德路、吉祥路、靖海路、广大路、广仁路等，纵横交错，形成初具规模的近代马路网络。在城外，马路一直通往白云山下的沙河村和外侨人口不断增加的东山。马路的建成，为近代的城市交通提供了极大的便利。从1919年起，黄包车和汽车可以在马路上自由行驶。1921年11月，开始营运公共汽车。"昔以肩舆行者，今可以汽车驰骋于街市中矣"③。

在大规模筑路的同时，工务局与卫生局还用新式街沟法成功地改造了广州市失修、水

---

① 1英里 = 1 609.3米，全书同。
② 1英尺 = 0.304 8米，全书同。
③ 佚名.广州市政实况[N].申报，1922-01-01.

泄不畅的排污渠沟。此外，市政厅还重点整顿了居民侵街占道的问题，使全城原有的街道普遍拓宽了 2.5 到 5 米。街道的改善为城市规划蓝图的实现奠定了基础。

2. 建设公园，规划模范村，筹建行政中心。

孙科对城市规划很感兴趣，曾在中华民国军政府的喉舌——《建设》杂志上发表不少关于近代都市规划的文章。他在观音山、东较场、海珠三地各规划建成一所公园。东较场公园还附设公共体育场。此外，孙科在广州市郊的乱葬岗地带迁墓平地，按规划设计建立模范村。孙科还计划仿照西方惯例，"将现在广州全市各大行政公署，合并建筑于市之中枢"①，以便集中开展政务，节省经费。孙科的这一设想虽然没有在他任内实现，却由后来治粤 8 年的陈济棠所完成。1934 年，广州市府合署大楼建成，从此，该大楼就成为广州市政府的办公场所，一直沿用至今。

3. 强化治安，整顿风纪。

孙科上任后，为了保护市民的安全和维持市区的秩序，"孙博士任命他的一个老同事吴铁城为广州的公安委员"②。当时，广州市的公安局将全市分为 12 个治安单位，公安局任用了 4 046 名警察，还有 500 名受过军事训练的警察及警官。由于有了这样一支高素质的警察队伍，使广州的社会风气得到很大的改善，同时在加强城市管理的力度上起到相当重要的作用。

4. 注重市区环境卫生，关注公共健康问题。

孙科对广州市的环境卫生相当重视。市卫生局把全市分为 6 个卫生区，每个区有 5 人负责管理，每个卫生区每天必须将本区的卫生状况向上级汇报并作统计。同时，卫生局下设的卫生教育课专门向市民宣传卫生知识，洁净课则负责清洁街道、疏浚壕沟。当时全市有 800 名清道夫打扫大街，小街偏巷的秽物则由苦力打扫。这一系列的措施，使城区街道变得干净整洁，"为其往日所见于国内各地者，实罕其匹"③。

卫生局还高度关注公共健康问题，曾在市区开展灭蝇灭鼠运动以消灭传染病源，对浴室、餐馆、旅店等公共场所的卫生管理也制订了新的规则："凡此设施，收获颇佳。今年对

---

① 黄炎培. 一岁之广州市[M]. 上海：商务印书馆，1922：45.
② 费正清. 剑桥中华民国史：上卷[M]. 北京：中国社会科学出版社，1993：597.
③ 黄炎培. 一岁之广州市[M]. 上海：商务印书馆，1922：60.

于街中售生冷食物者，取缔极严，故霍乱症较往年大为减少。"① 市卫生局还要求医生、护士必须在卫生局注册领取执照，这不仅加强了对特殊行业的管理，也对保障公共健康大有益处。

再次，大力发展教育事业。

孙科很想把广州建设成中国最进步的一座都市，因此大力推行学校教育和社会教育。一方面，为保证学龄儿童就学接受教育，同时选派师范类毕业生任巡回教员，指导私塾改良，兴建多所儿童游乐园，让孩子充分享受童年的快乐。另一方面在社会教育方面，为提高全民的素质，教育局宣布国民教育要加以强迫，并组织了一个国民强迫教育委员会来执行。同时，教育局又设立职业训练学校和成人教育学校。经过不遗余力的努力，广州出现了商业学校、妇女裁缝学校、师范学校和工人学校等一系列专门学校。通过训练，学生学到一定的技能，并能自谋生活。此外，教育局也为妇女提供育婴、家教、妇女卫生等教育。可是由于经费不足及不易找到一个适当的地点维持，所以此计划并未坚持太久，但其意义却是深远的。

教育局还定期举办展览会、通俗讲演，以生动活泼的形式向市民传授现代知识。广州市设有一所通俗图书馆，内置各种报刊，市民可自由阅读浏览，另外还组织流动图书车，供人借阅。

针对当时广州文盲数量高的状况，教育局决定利用公共图书馆和"市民大学"来达到扫盲和提高人口素质的目的。当时广州市区内的大专学府，并非一般市民所能就读的，因此孙科专为市民阶层求知进修而设置了"市民大学"。"市民大学"并不是一所正规的学校，而是属于社会教育性质，也就是我们今天所说的非学历教育。它通过一系列演讲给百姓传授新知识。凡有志于进修的市民，不拘学历年龄，均可报名入学，修业期满，考试及格则颁发证书。当时负责授课的教授，均为名重一时的学者名士，诸如汪精卫、胡汉民、马超俊、孙科等，阵容甚强，不逊于正规的大专院校。这些演讲大概是7周的课程，授课时间定在晚上，演讲的内容包括有社会科学、法律、人文、医学、自然科学以及工、农业科学等。由于演讲者大多为当时的党政名流，因而有数千人申请注册听课。为此，教育局不得

---

① 佚名.广州市政实况[N].申报，1922-01-01.

不改变入学方式，凡报名者须通过选拔考试才能参加。孙科开设"市民大学"，可谓在中国社会教育中开了先河，树立了新风。因此，凡当时到过广州参观的人，均对广州的教育留下深刻的印象。

经过孙中山及孙科等人的努力，参照西方发达国家城市化的经验，以崭新观念规划和建设的广州，城市面貌上有了很大的改观，在全国开了风气之先，故"模范市政之誉，见称于国内外"①。随着城市的日趋近代化，广州在经济、文化、教育、市民生活等方方面面都发生了很大的转变，其主要表现如下：

第一，百货商业达到鼎盛。

广州自古以来以商都著称，传统商业比较兴旺。进入民国以后，近代型商业、服务业实体的较早出现为广州的商业注入了新的元素，开启了崭新的篇章。传统商业开始向近代转型，而百货商业的发展更是走在全国的前列。

国内近代化的大型百货零售店最早出现于广州。20世纪初期，在西关一带的商业中心成立了光商公司和真光公司。随着新式轮渡码头和马路在长堤、西堤一带兴建，来往的商旅大增，沿路先后建起了先施百货公司、城外大新公司等一批较大型的商号，逐渐形成了长堤、西濠口商业中心。先施公司和大新公司都引进较为先进的经营管理技术，建立起优越的综合性服务环境和设备，培养出一批高级商业管理人才，起到了示范和窗口的作用，推动了全国百货业的发展。此外，这两家公司除经营百货外，还兼营酒店、餐厅、游乐场、理发、照相、浴室、冰室等，成为多功能的综合性商业实体。

广州的百货商业与全国其他地区相比，有发展早、起步高的特点。在清末民初，广州的百货商业就逐渐兴盛，到20世纪20年代便达到鼎盛阶段。1920年，广州市有百货商店605户，从业人员达3 600多人，其发展远高于上海。

第二，金融业的转型。

广州是华南地区的金融中心。随着城市的日趋近代化，广州的金融业也逐渐出现了转型。民国成立前，票号、钱庄、典当行、银炉坊等旧式金融组织以及外资银行是广州金融业体系的主要组成部分。民国成立后，旧式金融组织日渐式微，而华资银行却迅速崛起。当

---

① 佚名.本市新闻·孙市长之临别留言[N].广州民国日报，1924-09-17.

时在广州的华资银行主要有三类：（1）全国性的政府银行，如1924年8月由孙中山首创的中央银行（后改组为广东中央银行）；（2）地方政府银行，如1927年开业的广州市立银行；（3）民营银行，如新华信托储蓄银行广州分行、东亚银行广州分行等。20世纪二三十年代是广东银行业发展最兴盛的时期。

此外，作为近代金融体系重要一员的保险业在民国前期，随着民族资本的迅速发展，也逐渐走向繁盛。到1924年，仅加入广州市联保火险公会的大小保险公司就多达40家，可谓盛极一时。直到抗战爆发前夕，广东仍是拥有保险公司最多的省份①。

第三，新学制的确立。

民国创建之初，著名教育家钟荣光就担任了广东军政府的教育司长。他以发展新教育为己任，领导教育司对办学方针、教学内容、教科书、管理方法进行全面的变革和创新，整顿和恢复学校教育，积极推广社会教育，为广州教育的发展和近代化作出了巨大的贡献。1921年，广州市市政厅成立后专门设立了教育局，目的就是大力推动教育事业的发展。当年的10月27日至11月7日，全国教育会联合会第七届年会选在广州举行。出席的广东代表为汪精卫、金曾澄、钟荣光三人。此次会议以学制系统案为主题，共收到广东、黑龙江、甘肃、浙江等省提交的学制议案11件。会员们一致公认广东的议案最为完备。经过大会组织的审查会研究，决议以广东案为骨干，在此基础上与其他各案进行比较审查，制订学制系统草案。这次年会和新学制系统草案使广州成为全国教育界的焦点和关注的中心，这也是民国时期广州对全国教育界产生的最为重要和深远的影响。为了给学制草案的修改提供实践经验，广州市教育局选定执信学校作为新学制的试点单位，将理论研讨和试办相结合，这是中国最早实行新学制的学校之一。1922年11月，壬戌学制正式公布，这为广州新式教育的持续、深入发展提供了有利的条件。20世纪的二三十年代，广州的社会教育广泛推行，中小学教育日益普及，职业教育蓬勃兴起，高等教育向多元化、综合化方面发展。整个广州近代教育体系逐步得到完善。

伴随着城市近代化步伐的加快，广州居民生活的方式也出现了变化。无论是衣食住行等物质生活的方式，还是人们的生活态度、生活情趣、社会风尚，都在发生嬗变。

---

① 张晓辉.民国时期广东社会经济史[M].广州：广东人民出版社，2005：376.

20世纪二三十年代是广州城市发展最快的时期，这与孙中山、孙科父子的建设理念与实践是分不开的。孙科的计划后来因为战乱而被迫中止。然而时代是进步的，经过广东革命政府数年的努力，广州"市政之基础，则以日呈巩固，市民对于市政之常识，亦日益增进"①。北伐战争攻占各大城市后，国民政府大体遵照广州市的模式，建立城市行政区。由此可见，广州的城市化进程是走在全国前列的。

第四章　孙氏父子　建设广州

---

① 佚名.本市新闻·孙市长之临别留言[N].广州民国日报，1924-09-17.

第一节
近代市政体制的确立

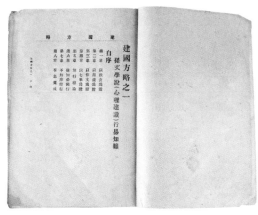

孙中山所撰写的《建国方略》

孙中山从1917年起三次以广州为中心建立革命政权，广州的建设和发展是他特别关心的。孙中山所撰的《建国方略》中的《实业计划》，有他对未来广州城市建设的设想。

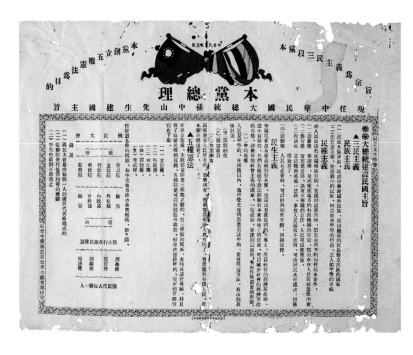

《孙总理建国主旨》招贴画

禺山关帝庙旧址

1918年10月，在南方军政府主粤时期，设广州市政公所于育贤坊的禺山关帝庙，委任总办、帮办、坐办各一名，下设总务、工程、经界、登录四个科室。新成立的广州市政公所主要职能限于拆城墙、筑马路等市政建设方面。

民国五年（1916）广东省城警察厅房捐收单

广州市政公所建立期间，广州正处于桂系军阀统治之下，此时的广州市政管理机关实质有两个，即广州市政公所和广东省警察厅，他们相对独立，地位平等，没有划分明确的职责范围。

155

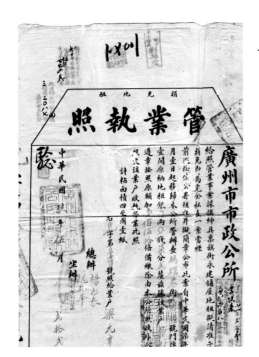

1920年广州市市政公所核发的管业执照

孙中山与其子孙科合影

1920年，粤军回粤赶走军阀莫荣新等人后，孙中山委任陈炯明为广东省长兼粤军总司令，并着手改组市政公所。1921年2月15日，设立广州市，采用市长制，孙科任第一任市长。

孙科

　　孙科，留学美国，获经济学硕士学位，他曾三次出任广州市市长一职。孙科当政期间是广州城市近代化建设成就显著的时期。孙科所著的《都市规划论》是中国第一部阐述城市建设的专著。

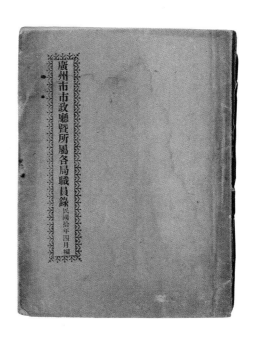

1921 年广州市市政厅暨所属各局职员录

　　1921 年 2 月 15 日，在南堤大马路（今沿江路）成立广州市市政厅。广州是民国第一个具行政区划单位意义的市。该厅的成立表明广州市政府进入了近代化城市政府时代。

1921年广州市市政厅组织结构图

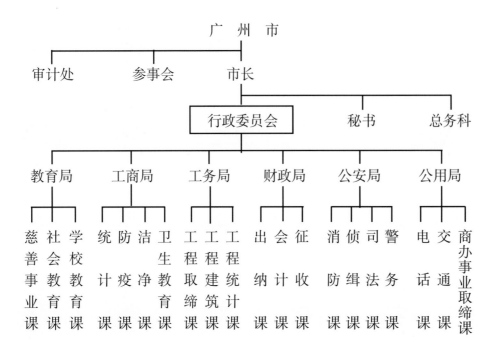

广 州 市

审计处　　参事会　　市长

行政委员会　　　秘书　　总务科

教育局　　工商局　　工务局　　财政局　　公安局　　公用局

慈善事业课　社会教育课　学校教育课　统计课　防疫课　洁净教育课　卫生教育课　工程取缔课　工程建筑课　工程统计课　出纳课　会计课　征收课　消防课　侦缉课　司法务课　警务课　电话课　交通课　商办事业取缔课

孙科参照美国市政改革运动时期创建的市委员会制,制订了一部市政组织法案——《广州市暂行条例》。这个条例经广东省省长陈炯明核定后于1920年12月23日予以公布。

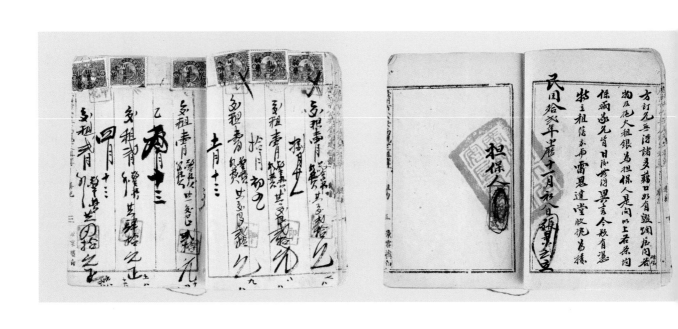

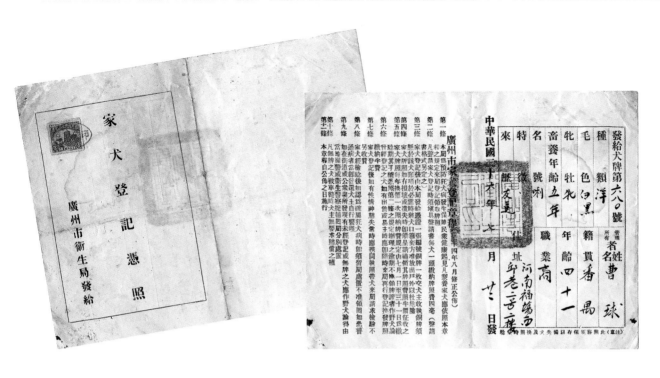

广州市卫生局发出的家犬登记凭照

广州市卫生局成立于1921年3月,是中国地方政府最早建立的市级独立卫生行政机构,它的体制和卫生法规对全国有较大的影响。图为民国时期广州市卫生局发放的《家犬登记凭照》。此凭照反映出当时广州市卫生局已有较强的防疫意识,发放狗牌照的目的是保障民众健康,确保公共卫生安全。

1923年广州市公安局规定租簿

广州市市政厅下设公安、财政、教育、工务、卫生及公用6个局,其中"公安"、"公用"等名词,实为孙科首创。所谓"公安"包括警察、自卫、消防等;所谓"公用"则涵盖公车、交通、电灯、电话、自来水等。

第二节
城市面貌的巨变

广州拆城墙时设置的临时木桥

拆城墙、修马路是近代广州
第一个大的市政建设工程。广州
拆城墙时设置有临时木桥。

正在拆毁的城墙

为了修建新式马路，大量的旧城墙被拆毁。

广州市第一条有分隔带的复式道路——白云路

广州建市后，政府便致力于市区马路的拓宽与建设，使广州近代城市建设初具规模。1921年修建的白云路是广州市第一条有分隔带的复式道路。

浆栏路

光复南路（前打铜街）

光复南路

20世纪20年代初的光复路及浆栏路

光复南路、浆栏路是20世纪20年代初新修建的马路。

甲等骑楼地块——永汉路

1918年至1920年，广州市出台了《广州市市政公所规定马路两旁铺屋请领骑楼地缴价暂行简章》，从经济手段上促进骑楼的建设。1923年，又公布了《广州市市政章程例规》和《广州市催迫业户建筑骑楼办法》等，从而加快了广州骑楼建筑的兴建速度。永汉路（今北京路）为甲等骑楼地块。

20世纪20年代广州市区鸟瞰图

　　1922年，广州全部城垣基本拆完，城内城外连成一片，市区面积随之不断扩展，城市面貌也发生了很大的改变。

20 世纪 20 年代广州马路上的汽车

与新式马路出现相同步，广州市内的交通工具也发生了变化，由过去的轿子、马车，逐渐换成了人力车和汽车，并设有交通灯。

20 世纪 20 年代广州的公共汽车模型

1921 年广东电车有限公司股票

　　1921 年加拿大华侨蒋寿石等人集股创建公司，承办广州市内公共汽车公司，开创了广州公共交通事业的新时代。这是 1921 年广东电车有限公司股票。

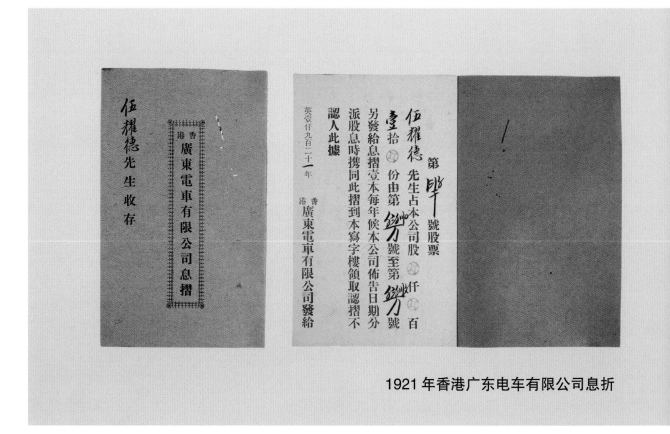

1921 年香港广东电车有限公司息折

1921 年广九铁路行车时刻表

广东省是全国最早开筑铁路的省份之一。1911 年正式通车的广九铁路是粤港两地主要的交通工具。

广九铁路职员证章

广州最早的发电厂——五仙门发电厂

　　在新式马路及交通工具转变的同时，城市的邮电、通讯、照明、自来水、卫生等设施也在逐步发展。建于清末的五仙门发电厂是广州最早的发电厂，民国时仍继续发挥作用。

《广州市电力管理处营业章程》

　　电力事业的发展，使城市面貌发生了很大的转变。在20世纪20年代，广州已有5万户居民用上电。

20 世纪二三十年代广州市的电费收据

增埗水厂

公用局是孙科在广州首创的，而水、电是公用事业中最为重要的两项。这是建于 1905 年的广州第一家自来水厂。

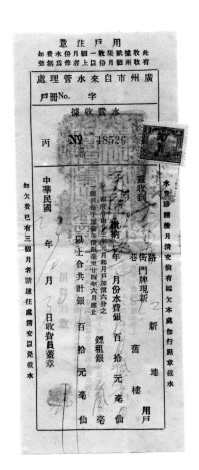

1934 年广州市自来水管理处
开出的水费收据

广州国民政府交通部国际电信局收据

20世纪20年代初，政府从国外购进新机，使广州的电信事业大为改善。

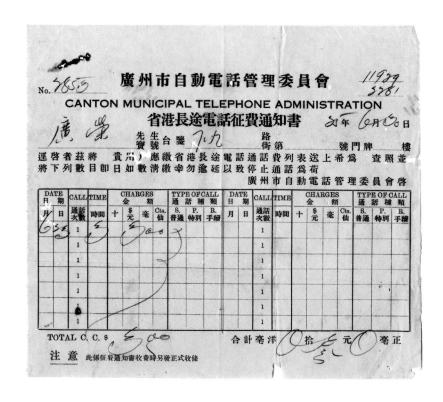

1936年广州市自动电话管理委员会省港长途电话征费通知书

双门底、惠爱路商业区（今北京路）

双门底、惠爱路及上下九甫商业区

　　广州作为千年商都，商业历来繁盛。20世纪20年代的广州形成了以双门底、惠爱路以及以上下九甫、第十甫为中心的商业区。

上下九甫商业区

徽章

广州真光公司的徽章、发票和包装袋

1910年，在广州十八甫一带开业的真光公司是当时广州规模较大的百货店。

包装袋

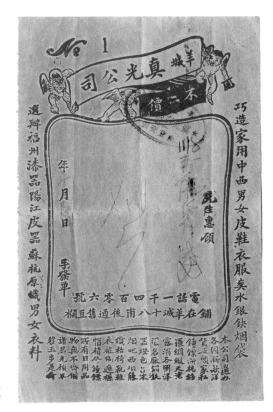

发票

172

广州真光公司破产管财人办事处所开的派借款启事

20世纪20年代，广州真光公司宣告破产。其后重组成广州新新公司，该公司是广州四大百货公司之一。

广州酒楼宴席明细单

广州茶楼、酒家林立，有"食在广州"的美誉。20世纪20年代后，随着城市近代化步伐的不断深入，饮食业也发展迅速。

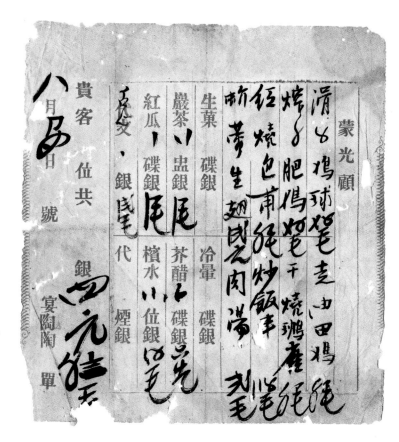

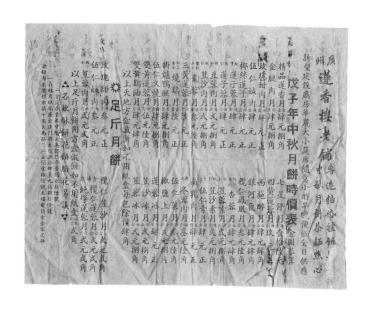

广州莲香楼月饼时价表

广州老字号莲香楼位于上下九甫、第
十甫一带，以制作中秋月饼而闻名。

西关酒店使用的小碟

174

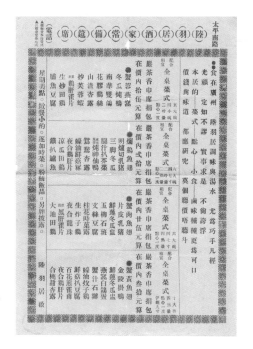

陆羽居酒店常备筵席菜单

20世纪20年代的太平南商业区

　　随着新式道路的兴建，20世纪20年代，广州已形成了长堤、太平南商业区。该区云集了大新公司、先施公司、东亚大酒店等一批近代型的商业服务业实体。它们的出现为广州传统商业注入了近代化的成分。

广东新昌百货行商标

近代型的商业服务业实体在广州出现得比较早，到1918年，广州已出现4家大型的百货公司，广东新昌百货行就是其中一家。

西堤的城外大新公司

1916年，澳洲华侨蔡兴、蔡昌兄弟在广州城内惠爱路（今中山五路）开设大新公司。后因经营状况良好，于1919年在西堤增设支行。西堤的城外大新公司是广州最早的钢筋混凝土高层建筑。

大新公司映相部所拍的照片

相片袋

包装袋

发票

大新公司的包装袋、发票、大新公司映相部所拍的照片及相片袋

惠爱路大新公司楼高5层，西堤公司楼高12层，是当时华南地区最宏伟、最华丽，商品花色品种最齐全的百货企业之一。

亚洲大酒店商标

1919年10月1日，西堤大新公司内附设的亚洲大酒店开张。

先施公司

　　1914年澳洲华侨马应彪在长堤创办经营环球百货的先施有限公司广州分行（今华夏百货公司），是当时广州的四大百货公司之一，也是多功能的综合性商业实体。

先施粤行香水部

先施公司经营范围很广泛，号
称专办"环球百货"，首创"不二价"
的风气，并成为华南地区最大的百
货企业。

先施汽水厂的汽水瓶

先施公司还陆续兴办机器、五金、皮革、汽
水及化妆品等附属工厂，实行自产商品、产销结
合的经营模式，所属加工厂的产品都以"先施
牌"作为商标。

香粉盒正面

香粉盒背面

先施公司生产的香粉盒

先施公司生产的水壶

先施公司颁发的奖杯

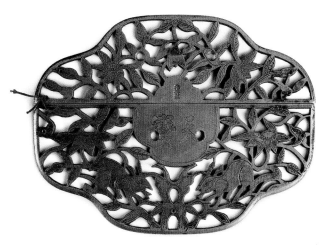

先施公司使用的先施号天宝花卉双兔纹白铜锁扣

先施公司使用的压印机

第四章　孙氏父子　建设广州

信封正面　　　　　　　　信封背面

广州东亚大酒店广告封

　　广州东亚大酒店是先施公司的附属企业，于1915年在广州长堤开业，它是当时广州规模最大的酒店之一。

广州西濠酒店商标

广州西濠酒店位于长堤商业区。

20 世纪 20 年代的长堤

长堤、西濠口商业区在 20 世纪 20 年代初期已成为各类店铺鳞次栉比，货物堆积如山的繁华中心商业区。

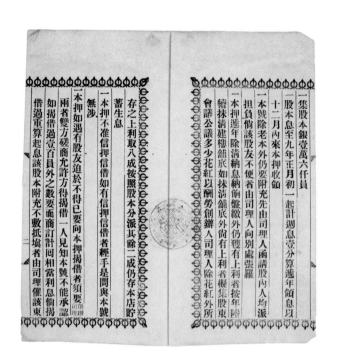

1919 年新昌同兴押的合同

广东省的金融业以广州为中心。随着商业的发展和城市的近代化，旧式的金融组织如银号、典当业等已逐渐式微。银行、保险及信托等新式金融机构得到一定的发展，其业务范围与经营手段日趋近代化。

孙中山亲临主持中央银行开幕典礼后留影

20 世纪二三十年代，是广州银行业发展最鼎盛的时期。1924 年 8 月 15 日，孙中山在广州设立中央银行，这是中国第一家以"中央银行"命名的国家银行。孙中山亲临主持中央银行的开幕典礼。

广州嘉华储蓄银行支票

1922～1923年，广州开办了多家银行，如远东实业储蓄银行、广东储蓄银行、兴中商业储蓄银行、五华实业信托银行、惠丰商业储蓄银行、广州嘉华储蓄银行等。这些民营银行的迅速兴起成为这一时期广州金融业的一大特点。其中，广州嘉华储蓄银行创办于1923年。

1924年香山实业储蓄银行股份收条

1923年广州市长孙科联合华侨筹资开办了兴中商业储蓄银行。同一时期开办的还有香山实业储蓄银行。

1926 年东亚银行广州支行汇票

东亚银行广州支行是当时广
州一家较为著名的民营银行。

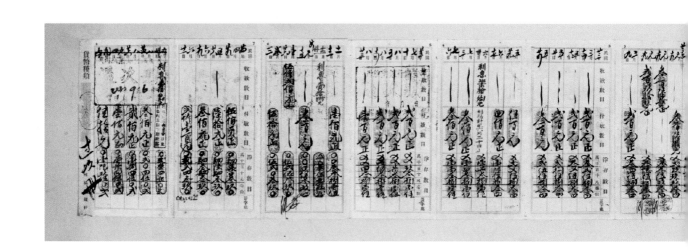

《广州储蓄银行各种存款章程》

广州丝业银行储蓄存款簿

广州丝业银行是当时的民营银行之一。

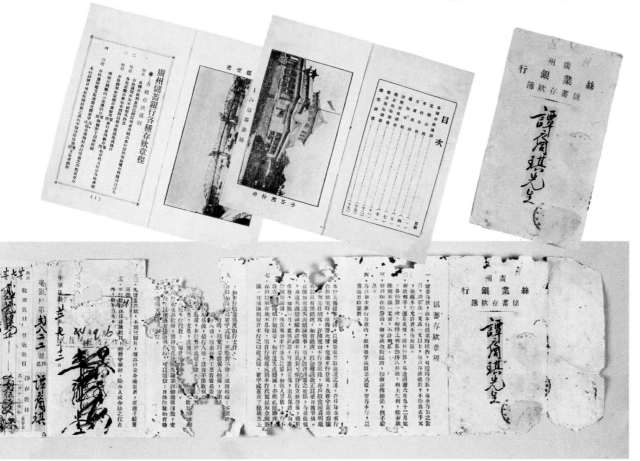

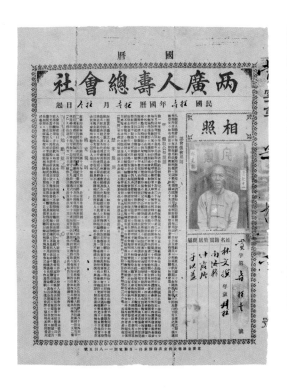

1922年两广人寿总会社的保单

保险业是近代金融业的一个重要组成部分。民国初期，随着民族资本的迅速发展，广东的保险业得到有力的推动。到1924年，仅加入广州市联保火险公会的大小保险公司已有40家，可谓盛极一时。

1923年香港联安水火保险有限公司股票

在广州，大的保险公司与香港、上海有着十分密切的关系，大多都是穗港沪号企业。香港联安水火保险有限公司就是其中一家。

1922年香港先施保险置业有限公司封套以及先施保险置业有限公司广告画

　　创办于1922年的先施人寿保险置业有限公司总行设在香港，广州分行位于长堤。

英商时昌洋行火险燕梳分理处牌匾

第四节
教育的多元化发展

1921 年全国教育会联合会第七届年会代表合影

　　1921 年 10 月 27 日至 11 月 7 日，全国教育会联合会第七届年会在广州举行，会议的主要议题是学制系统案。出席会议的广东代表为汪精卫、金曾澄、钟荣光三人，由汪精卫担任大会主席。

20世纪20年代初的广东教育会以及《广东教育会杂志》第一卷第一期

根据全国教育会联合会第七届年会的决议，1922年2月，广东省教育会组织了新学制实施研究会，将会员分为小学、初等中学、高级中学、职业教育四个组，按宗旨、课程、教材、实施方法的顺序分组开会对学制草案进行讨论。

执信学校的校舍

为了给学制草案的修改提供实践经验，广州市教育局选定执信学校作为新学制的试点单位，将理论研讨和试办相结合，这是中国最早实行新学制的学校之一。

小学生在做早操的情景

　　执信学校是为纪念民主革命家朱执信而于1921年10月设立的，分小学、中学两部。小学修学时间为6年，完全根据学制系统草案的规定，实行义务教育，免收学费。

执信中学的运动场

　　中学分高级和初级两级，修学时间各3年。高中实行选科制，分设普通、家政、师范3科，普通科又下分为文、理两科。

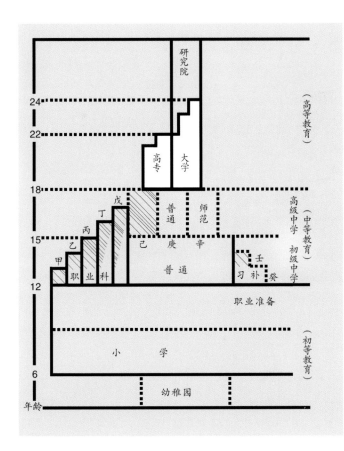

新的学制系统草案图

1922年11月，以广州通过的学制系统草案为底本的新学制（即壬戌学制）正式公布。这使广州成为全国教育界的焦点和关注的中心。这也说明在辛亥革命后的20多年间，中国的教育近代化从只停留在教学内容和教学方法的改革逐步向教育制度、教育理论和教育观念等更深层的方面发展。

20世纪20年代末广州教忠中学初中毕业生的合影

新学制的确立无疑为广州的教育发展带来了新的契机。而同一时期孙科在广州建市并设立教育局，使广州的教育向更多元的方向发展。广州教忠中学于1923年8月开始实行新学制。

广州真光小学章

广州的小学最初归广东省教育厅行政机关管理。1921年2月，广州设市后，市内公立、私立小学都归市教育局管辖。由于孙科十分重视学校教育的发展，使广州的中、小学教育日益普及。

1923年两广浸信会培正学校证书

广东省立第一中学学生证章

1887年，张之洞创办的广雅书院与湖北的两湖书院、自强学堂，上海的南洋公学并称全国四大书院。1902年，广雅书院改为两广大学堂，1906年又改为广东省高等学堂。辛亥革命后，更名为广东省立第一中学。

民国时期的教科书

广州市立师范学校

20世纪20年代,广州教育事业蓬勃发展的一个重要表现就是兴建了一批学校。1921年10月12日,广州市教育局长许崇清在原粤秀书院旧址创办了广州市立师范学校。

广州市立美术学校

1922年在第一公园内设立了广州最早的公立美术学校——广州市立美术学校。胡根天为教务主任,兼绘画和美术史老师。

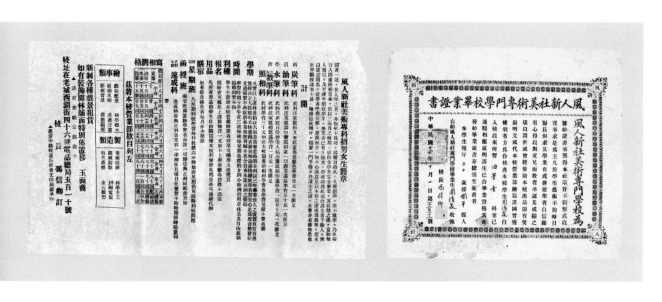

风人新社美术专门学校招生简章（左）
及其 1925 年的毕业证书（右）

1920 年建成的广东公立医科专门学校

新学制将高等教育分为大学和专门学校
两类。广东公立医科专门学校在 1920 年建成。

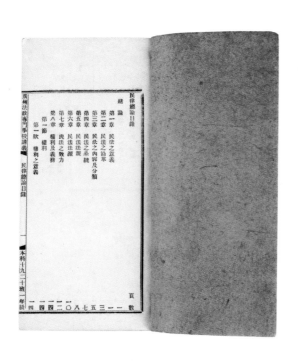

《广州法政专科学校讲义》

广州图强医学院校长伍佰良签发的邝玉英同学学习期满并准予毕业的证书

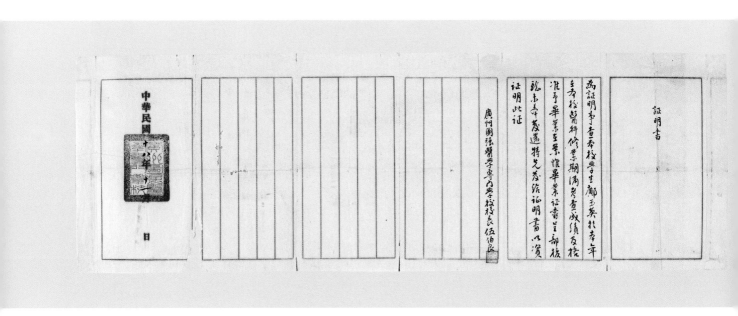

20 世纪 20 年代的广东省立第一女子师范学校

在大力发展学校教育的同时，广州市教育局还设立职业训练学校和成人教育学校。经过不懈的努力，广州出现了商业学校、妇女裁缝学校、师范学校和工人学校等一系列专门学校。

广州市立商业学校章

广州女子职业学校章

《国立广东大学文科》讲义

1924 年 5 月，孙中山下令将国立广东高等师范学校、广东法科大学、广东农业专门学校合并为国立广东大学。11 月 11 日，国立广东大学举行成立典礼。

国立广东大学各学院演变图

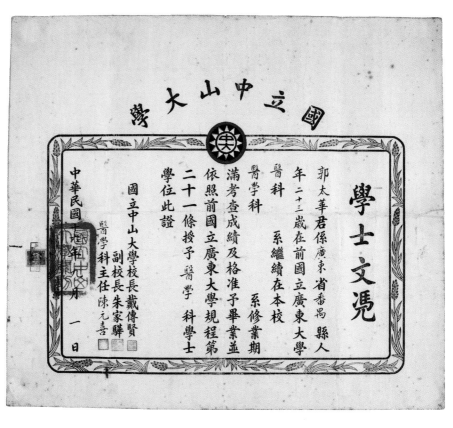

1927年国立中山大学第一届毕业生学士文凭

1925年3月12日，孙中山逝世后，为纪念孙中山，广东大学校务会议通过决议，将国立广东大学改名为中山大学。1927年，该校迎来了第一届本科毕业生。

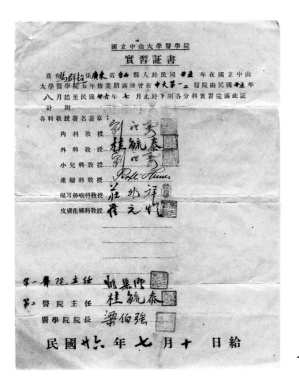

1937年国立中山大学医学院实习证书

广东省立女子师范学校师生合影

1916 年 10 月，全国教育会联合会作了《注意平民教育案》的决议。广州女子师范学校积极响应，并于 1917 年开办贫民小学和贫民夜校，均不收学费。

岭南大学青年会所属义校部分学员合影

1917～1918 年，岭南大学的学生积极开展义务教育活动，该校的青年会开办了多所义校，有工人半夜学校、康乐月光夜学校、下渡女学校、新凤凰女学校、艺徒学校、康乐女学校等。

陈独秀

1921年，陈独秀主管广东教育期间，以行政的力量，提倡和推动平民教育运动，广州市乃至全省很多中小学纷纷办起平民夜校和工人夜校，有力地推动了平民教育的发展。

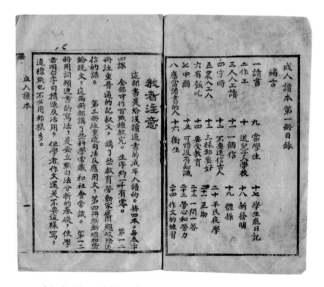

平民教育使用的课本

1924年2月26日，广州市政府为使一般男女失学市民有求学的机会，组织"广州市平民教育运动委员会"（简称"平教会"），主办平民教育。

许崇清

1924年2月，中国国民党中央青年部成立"中国国民党中央平民教育运动委员会"，负责全省平民教育。该委员会的主任是许崇清。

1934年广东省政府教育厅官封

到20世纪30年代，广州的教育体系及教育制度日臻完善，办学规模逐步扩大，教学质量也得到很大的提高。

第五节
市民生活的悄然变化

第一公园

　　广州建市后，城市管理体系较过去健全，修建的新马路、公园、图书馆、博物馆、运动场等，使市民的生活出现了新的变化。1921年改建完成的广州第一公园（今人民公园）成为市民休闲的新型公共场所。

广州市督学局（后改为教育局）
在南关石基里设立广州第一通俗
图书馆

具有近代意义的城市公园、公
共体育场、图书馆等公用设施的开
辟，为市民提供了新的休闲方式，
促进了市民素质的提高。

穿街走巷的巡回文库

1920年，广州督学局仿外国巡回图书
馆办法，设立巡回文库，以引发群众的读
书风气、普及文化知识为宗旨。巡回分马
路（用车）、内街（挑箱）、水面（划船）三
条路线。每日上午11时至下午5时，晚上
7时半至9时半为巡回时间。

市民到镇海楼参观广州博物馆

1929年，广州第一家博物馆在镇海楼建成并对外开放，时称"广州市市立博物院"。

明珠影画院

拿钱买票、掏钱看戏等多样化的大众娱乐方式的传播为市民的闲暇生活提供了多层次、多元化的选择。1921年，卢根在广州长堤大马路兴建的明珠影画院（今羊城电影院）为当时广州规模最大、设备最好的电影院之一。

20世纪20年代广州戏院的刊物

广州太平电映（影）大戏院入场券

中华戏院戏单

民国初年广州的服饰一套

服饰的变化是民初社会风尚变化的一个显著方面。民国以后，人们在选择衣式发型时，不再视身份贵贱，而以简单实用或美观新奇为尚。

20世纪30年代，伍汉持之子伍伯胜举行的西式婚礼

民国初期，在欧风美雨的吹拂下，传统婚嫁迎娶的习俗开始出现一些新气象，如自由恋爱、文明结婚等。20世纪20年代，广州已出现西式的婚礼。（此照片由伍汉持的孙女婿刘敦仁先生提供）

20 世纪 20 年代的新娘的中式服饰

新式结婚的重点在于简化婚礼的
过程，对新人所穿礼服并不限中西。

20 世纪 30 年代的结婚证书

随着城市近代化进程不断深入，
市民的生活方式和风俗习惯也悄然发
生了很大的变化，逐步向着西化、现代
化的方向发展。

第五章

帅府改组　建立国府

从1917年孙中山第一次南下护法，在广州建立革命政权算起，孙中山一共在广州三次建立革命政权。这其中最重要的，也是影响最深远的是1923年2月，孙中山回粤重建的中华民国陆海军大元帅大本营。这个政权"是一个为适应战争与政治需要而产生的特殊形态的政权"①。由于这个政权是与孙中山个人有异常密切的关系，因此在孙中山逝世后，它必然无法继续存在下去。

一、孙中山是大元帅大本营的核心

由于大元帅大本营是在战乱中重建起来的，这就决定了其表现形式必然是军政一体化。孙中山凭借其威望担任大元帅一职，对当时驻扎在广东境内的各路未经改造的旧军队有一定的震慑作用，他们表面上还能听从孙中山的命令。

大元帅大本营的机构主要有：内政部、财政部、军政部、建设部、外交部、海军部、参谋部、大理院、参谋处、参军处、法制局、审计局等。从这种建制结构可见，这个政权既"是大元帅的军事行营，又是具有内政外交职能的政权机关"②。它虽然是在战乱的形势下产生的特殊的、不完备的政权形式，但却"有如一个全国性的政府"③。在这个政府中任职的大多数都是中国国民党员、孙中山的忠实追随者，因此，"广州革命政府事实上是党政府"④，是孙中山"以党治国"思想的实践基地。

孙中山作为国民党的最高领袖，在党内的领导权威是无人能够挑战的。这一点在中华革命党时期，便以党的规章形式作了严肃的确认。到了中国国民党第一次全国代表大会，更在党章中写明"本党以创行三民主义、五权宪法之孙先生为总理"，"党员须服从总理之指导，以努力于主义之进行"；总理为全国代表大会和中央执行委员会主席，"对于全国代表大会之议决，有交复议之权"，"对于中央执行委员会之议决，有最后决定之权"⑤。不仅如此，孙中山对出席"一大"的部分代表和大会主席团、各专门委员会均有直接决定权，对党内的重大事宜有最后裁决权。

鉴于孙中山对各路军队的影响力以及他在大元帅府大本营中"党政一把手"的地位，使

---

① 曾庆榴.广州国民政府[M].广州：广东人民出版社，1996：17.
② 同①.
③ 费正清.剑桥中华民国史：上卷[M].北京：中国社会科学出版社，1993：597.
④ 中华民国史料研究中心.中国国民党党史资料与研究[M].台北：中华民国史料研究中心，1989：123.
⑤ 中国第二历史档案馆.中国国民党第一、二次全国大会会议史料：上册[M].南京：江苏古籍出版社，1986：9.

当时大本营实行一长负责制不但可行而且非常必要。然而，这个以孙中山为核心的政权，随着孙中山的逝世，在国民党内部找不到一个有足够威望的人接替孙中山的情况下，大元帅一长负责制的政权格局必然会发生重大的转变，政府的改组也是势在必行的。

1924 年冬，孙中山北上时，大元帅大本营仍保留旧制，以大本营总参议、广东省省长胡汉民代行大元帅职权。1925 年春孙中山病重期间，在北京随侍孙中山的中国国民党中央政治委员会委员，提议改组陆海军大元帅大本营，一旦"帅座不讳，广州政府改合议制"①。3 月 12 日，孙中山病逝后，大本营骤失领导重心，但由于党内不稳定以及东江战事尚未结束等因素，仍不能解决政府的领导体制问题。

二、帅府改组为国府

1925 年 6 月中旬，在东征之役胜利结束，杨、刘之乱扑灭，肘腋之患初步清除之后，中国国民党中央遂把政府改组的问题，提上议事日程。

其实孙中山生前就有组建正式政府的意愿。早在 1923 年，孙中山就派叶恭绰到河北、浙江等地，征求组织国民政府的意见。1924 年 1 月，孙中山在中国国民党第一次全国代表大会上正式提出成立国民政府的主张，并提出他的《建国方略》。中国国民党"一大"也通过了《组织国民政府之必要案》。2 月 13 日，中国国民党中央组织部提出《国民政府组织法》，但当年还不具备组织国民政府的条件，有关决议被搁置起来。6 月 14 日，中国国民党中央政治委员会召开第十四次会议，决定把孙中山时代的中央机关——大元帅大本营撤销，成立为中华民国国民政府，并制定以下六项措施：

1. 设置国民政府掌握全国之政务，以委员若干人组织之，并于委员中推定常务委员五人，处理日常政务，并设军事、外交、财政各部，每部设部长一人，以委员兼任。

2. 设置军事委员会，掌理全国军务，以委员若干人组织之，并于委员中推定一人为主席。凡关于军事的命令，由军事委员主席及军事部长署名。在军事委员会内，设军需等处，分掌职务。

3. 设置监察部，以委员若干人组织之。监察政府各级机关官吏的行动及考核款项的收入。

4. 设惩罚院，专治官吏中的贪污违法及不服从命令者。

① 曾庆榴. 广州国民政府[M]. 广州：广东人民出版社，1996：130.

5. 设省政府管理全省政务。

6. 设市政委员会管理广州市。

对于大本营的改组，中国国民党中央十分强调以孙中山《建国方略》作为指针，实行"以党治国"的原则，在要求新政府接受中国国民党指导的同时，以三民主义为立法的指导思想和最高原则。在政府与人民的关系上，要求体现孙中山权、能分离的思想，使人民有权，政府有能。人民对政府官员有选举、罢免之权，对法令、政策有创制、复决之权。政府有治理国家事务之能，这种能是人民的权所授予的，但政府权力是相对的，它不能罔顾其界限与有损人民的利益。政府机构的设置，要求体现孙中山五权分治的原则，使立法、司法、行政、监察、考试各项权力互相独立，分而治之。基于上述指导思想，中国国民党中央组织了国民政府委员会，作为中央行政最高机关，选举汪精卫、廖仲恺、胡汉民、徐谦、谭延闿、孙科、于右任、许崇智、程潜、伍朝枢、朱培德、张继、戴季陶、林森、张静江、古应芬等16人为政府委员，以汪精卫、胡汉民、谭延闿、许崇智、林森为常务委员。推举汪精卫为主席，设外交、财政、军事三部及秘书处，以胡汉民为外交部长、廖仲恺为财政部长、许崇智为军事部长、李文范为秘书长。此外并设大理院、监察院、惩吏院和军事委员会。其中大理院为司法机关，兼管司法行政事务，以徐谦为院长（林翔代理）；监察院为弹劾机关，以谢持、林祖涵等为委员；惩吏院为行政法庭，以徐谦、邓泽如等为委员；军事委员会为全军管理、统率机关，以汪精卫、廖仲恺、蒋介石等为委员，汪精卫为主席。上述机构，同中国国民党中央执行委员会相衔接。由此可见，国民政府具有相当的规模，拥有比较完备的立法、司法、行政和监察系统。如果说，大元帅大本营是一个军政合体的"小政府"，那相比之下，国民政府的政权形态则完备多了。

1925年6月24日，胡汉民以大本营总参议及代行大元帅名义，发表《接受中国国民党中央执行委员会关于政府改组决议案》通电。6月25日发表"改组国民政府宣言"，6月27日发表改组政府令。7月1日，国民政府委员在广州第一公园音乐亭举行就职典礼，并发表《国民政府成立宣言》，宣告中华民国国民政府正式成立。宣言指出："国民革命之最大目的，在致力于独立、平等、自由"，"履行先大元帅之遗嘱"①申明坚决反对帝国主义，废除不平

---

① 佚名.中华民国国民政府宣言[N].广州民国日报，1925—07—03.

等条约，坚持召开国民会议等内外政策。

三、省、市两级政府的改组

在国民政府成立的同时，广东省政府也进行了改组。7月1日，国民政府颁布《省政府组织法》，规定"省政府于中国国民党指导监督之下，受国民政府之命令处理全省政务"，组织省政务委员会，"废除省长制，由各厅厅长组成省务会议，执行全省政务"①。7月3日，广东省政府在广州第一公园音乐亭举行成立典礼。广东省政府设立军事、民政、财政、建设、商务、教育、农工七厅。以许崇智、古应芬、廖仲恺、孙科、宋子文、许崇清、陈公博分任厅长，许崇智为主席，连声涛为省政府秘书处主任。省政府设在永汉北路财政厅办公。广东省政府发表了成立宣言，阐述了施政方针：靖匪保民；废除一切苛捐杂税；严禁烟赌；整顿吏治；扶植地方自治；整理水陆交通；发展工业、保护商业；保护农工利益，扶助农工团体；发展教育。次日，广州市政府成立，不设市长，由伍朝枢任市政委员会委员长。国民政府成立后，"军政统一，民政统一，财政统一，军需独立，及军队皆受政治训练诸端，皆次第实行。"②

广东省政府成立的同时，广州市政府也建立起来。7月2日，省政府预备会议通过并公布了《广州市市政委员会暂行条例》，规定市政委员会为市立法机关，由省政府在农界、工界、商界、教育界、现代职业团体及自由职业者中各委派3名委员组成；市政委员长为市行政会议主席，由省政府任命；组织专门委员会，对财政、工务、公安、卫生、教育5局职员进行监察，防止渎职、违法或舞弊行为。省政府任命伍朝枢为市政委员长，任命谭兆槐为市财政局局长、吴铁城为市公安局局长、林逸民为市工务局局长、司徒朝为市卫生局局长、王仁康为市教育局局长、伍大光为市政委员会秘书。7月4日，广州市政府发表成立宣言，并在广州市第一公园举行市政委员长暨各局局长就职典礼。

随着国民政府以及省、市三级政府的改组完成，实现了孙中山生前希望成立正式政府的遗愿。同时，中国国民党也从孙中山时代逐渐过渡到蒋介石时代，而这种转变也使中国革命发生了重大的逆转。

---

① 佚名.省政府之组织法[N].广州民国日报，1925-07-01.
② 佚名.中国国民党召集第二次全国代表大会宣言[J].政治周报，1926（3）：2.

孙中山北伐驻韶关办公室旧址

　　1924年孙中山改组中国国民党后，一边加强对广东根据地的巩固，同时仍不忘北伐。9月5日，孙中山主持军事会议，决定亲自督师北伐，并将大本营移到韶关。

1923年7月6日孙中山从广州赴韶关北伐时与蒋介石在火车上

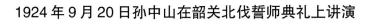

1924 年 9 月 20 日孙中山在韶关北伐誓师典礼上讲演

直系将领冯玉祥

　　1924年10月，第二次直奉战争正在相持时，直系将领冯玉祥、胡景翼两军从古北口前线回师北京，发动北京政变，囚禁曹锟，导致了直系的失败。

1924年10月27日孙中山复电冯玉祥决定即日北上的电文

　　1924年10月25日，冯玉祥电邀孙中山到北京商谈国是，孙中山决定停止北伐，回师广州。10月27日孙中山复电冯玉祥决定即日北上。

孙中山与李仙根等帅府工作人员在广州大元帅府合影

　　1924年11月10日，孙中山发表《北上宣言》。当日孙中山与李仙根等帅府工作人员在广州大元帅府合影（中坐者为孙中山，后排左起：马国强、何协光、李仙根、马湘、李纪堂、李朗如）。

广东总工会欢送孙中山北上并在大元帅府与其合影

1924 年 12 月 31 日孙中山入京受到北京十万民众的热烈欢迎

　　1924 年 12 月 31 日，孙中山抱病入京，途经天安门时，受到北京十万民众的热烈欢迎。

北京铁狮子胡同外景

1925年1月26日，孙中山先生入住北京协和医院，手术探查确诊为肝癌晚期，经施行镭锭（即放射性）治疗，依然无效。2月18日，孙中山移居于北京铁狮子胡同行馆，改用中医治疗。

李仙根致古应芬信函及电文

　　作为孙中山的随行秘书，李仙根是孙中山北上的直接见证人。他分别于1925年2月4日、10日、22日、24日以信函、电报向古应芬详细介绍孙中山的病况及周围环境。

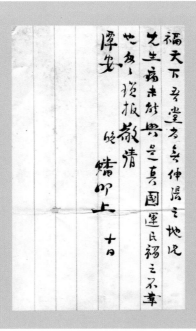

李仙根致古应芬的信件（1925年2月4日）

李仙根致古应芬的信件（1925年2月10日）

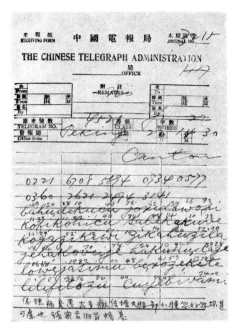

李仙根给"某人"的电文（嘱密告古应芬）

李仙根给刘纪文转古应芬的电文

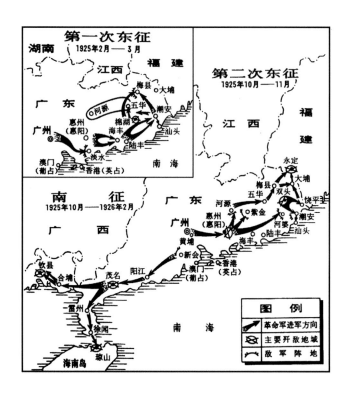

第一次东征示意图（1925 年 2 ~ 3 月）

1925 年初陈炯明趁孙中山北上卧病北京之机，组织"救粤军"，自封总司令，图谋进攻广州，颠覆广东革命政权。大元帅府决定进行第一次东征，讨伐陈炯明叛军。

黄埔军校举行东征誓师阅兵式

1925 年 2 ~ 3 月，大元帅府决定以黄埔学生军为主力，联合其他各军进行东征。

第一次东征粤军二师部分
官兵合影

黄埔学生军在东征战场

黄埔学生军连战告捷，接连攻克淡水、海丰等地，大败叛军。这次东征除惠州未攻下外，陈炯明在东江的势力基本被打垮。

第五章　帅府改组　建立国府

温彦斌就所部行军进展致古应芬函

1925 年 2 月 27 日，温彦斌在海丰就所部行军进展情况向大本营财政部长古应芬报告。

1925 年参加第一次东征的黄埔军校教导团

227

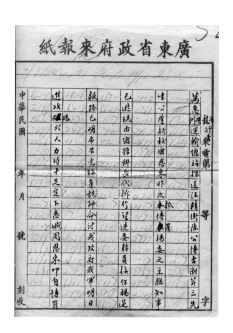

周恩来自石龙行营致汪精卫、陈公博、古应芬等电

1925年初，周恩来自石龙行营就所部集结准备进占惠州情形致汪精卫、陈公博、古应芬等电。

东征时蒋介石与李济深合影

1925年3月，东征军总指挥蒋介石与第二纵队队长李济深在东征途中的合影。

1925 年初的孙中山

孙中山病重期间，在北京随侍孙中山的中国国民党中央政治委员会委员就提议改组陆海军大元帅大本营，组织"合议制"政府。但因东江战事激烈，这项建议没有讨论和实施。

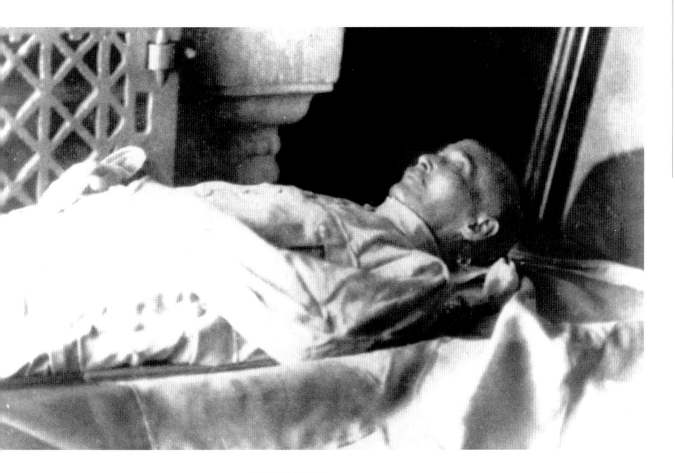

孙中山遗容

1925 年 3 月 12 日上午 9 时 30 分，孙中山先生在北京病逝。

东征军在兴宁哀悼孙中山（最前者为蒋介石，其后为周恩来）

孙中山病逝后，大本营骤失领导重心，但由于东江战事尚未结束，仍不能解决政府的领导体制问题。1925 年 5 月，东征胜利结束及平定了滇桂军叛乱，为建立国民政府创造了条件。

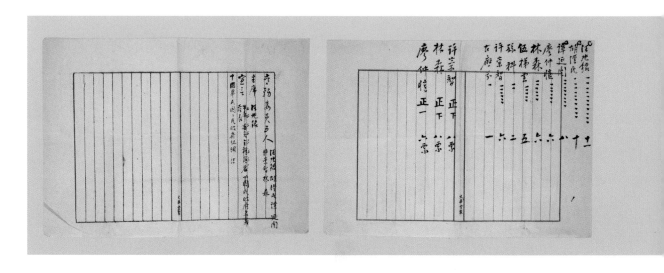

中国国民党党务委员会选举情况记录

1925 年 6 月 14 日，中国国民党中央政治委员会第十四次会议通过《国民政府组织法》、《国民政府组织大纲》，决定裁撤大元帅府机构，政府改为委员制。此为 1925 年 7 月 1 日中国国民党党务委员会选举情况记录。

广州国民政府成立典礼的牌楼

1925 年 7 月 1 日广州国民政府成立。

广州国民政府要员合影

国民政府部分委员在国民政府成立时合影。前排左起：谭延闿、许崇智、汪精卫、胡汉民、孙科、廖仲恺、林森；后排左起：古应芬、程潜、伍朝枢、朱培德。

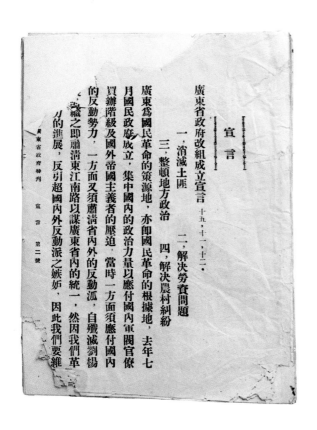

1926 年《广东省政府特刊》

在国民政府成立的同时，广东省政府也进行了改组。规定广东省政府在中国国民党监督指导下处理全省政务，废除省长制，由各厅厅长组成的省务会议执行全省政务。

广东省长公署普通出入证

232

广东省政府建设厅职员证章（左）、广东省政府建设厅农林局职员证章（中）、广东省政府民政厅职员证章（右）

广东省政府下设民政厅、财政厅、教育厅、建设厅、商务厅、农工厅、军事厅和秘书处。

20 世纪 20 年代的广州市政府

广东省政府建立的同时，广州市政府也成立了。随着国民政府、广东省政府及广州市政府的相继成立，孙中山在有生之年未能实现的建立正式政府的愿望变成了现实。

后记

"孙中山在广州三次建立政权"是孙中山大元帅府纪念馆开馆以来的基本陈列。展览较全面地反映了辛亥革命后，孙中山在广州三次建立革命政权的历史。近年来，孙中山大元帅府纪念馆围绕这一主题收集了大量的文物、图片等资料，但囿于场地的限制，很多文物和图片无法展示，因此一直希望以展览为蓝本，撰写一本全面反映孙中山在广州三次建立政权期间政治、经济、文化教育等方方面面变迁的图文集。

在辛亥革命百年即将到来之际，广东科技出版社与我馆合作，决定出版一套丛书以志纪念。面对这个难得的机会，在李穗梅馆长的带领下，我们经过反复磋商，决定从自己工作的实际出发，利用馆藏资源，编撰出版"辛亥百年　帅府存珍"系列丛书。《后辛亥时代的孙中山与广州》是其中一本。

在本书的撰写过程中，得到中山大学历史系邱捷教授的细心指教，并对内容提出不少好的建议。李穗梅馆长审阅了全稿，并对一些史实予以更正。此外，李兴国、曾舒慧、梁秀英为本书的撰写提供了莫大的帮助，朱劲中和周家聪对文物进行了精心的拍摄，在此谨一并致以衷心的感谢！

由于学力浅薄，加上时间仓促，书中还存在不少的问题，望各位师长、同行和读者批评、指正！

朱晓秋

2011 年 7 月